OTTO MAJEWSKI

Auslegung der Grundrechte durch einfaches Gesetzesrecht?

Schriften zum Öffentlichen Recht

Band 162

Auslegung der Grundrechte durch einfaches Gesetzesrecht?

Zur Problematik der sogenannten Gesetzmäßigkeit der Verfassung

Von

Dr. Otto Majewski

DUNCKER & HUMBLOT / BERLIN

Inhaltsverzeichnis

Drittes Kapitel

Das Verhältnis von Verfassung zu einfachem Gesetzesrecht als methodisches Problem der Verfassungskonkretisierung 52

Viertes Kapitel

Versuch einer auf den Grad der Einbeziehung des einfachen Gesetzesrechts abgestimmten Typologisierung von Grundrechten 86

Abkürzungsverzeichnis

A.	=	Auflage
AöR	=	Archiv für öffentliches Recht
ARSP	=	Archiv für Rechts- und Sozialphilosophie
BAG	=	Bundesarbeitsgericht
BBauG	=	Bundesbaugesetz
Bay BesG	=	Bayerisches Besoldungsgesetz
Bayer. VerfGH	=	Bayerischer Verfassungsgerichtshof
Bayer. VerfGHnF	=	Entscheidungen des Bayerischen Verfassungsgerichtshofs, in Sammlung von Entscheidungen des Bayerischen Verwaltungsgerichtshofs, mit Entscheidungen des Bayerischen Verfassungsgerichtshofs, des Bayerischen Dienststrafhofs und des Bayerischen Gerichtshofs für Kompetenzkonflikte, Neue Folge
Bay VBl	=	Bayerische Verwaltungsblätter
Bayer. VGH	=	Bayerischer Verwaltungsgerichtshof
BGB	=	Bürgerliches Gesetzbuch
BGBl	=	Bundesgesetzblatt
BGH	=	Bundesgerichtshof
BGH St	=	Entscheidungen des Bundesgerichtshofs in Strafsachen
BGHZ	=	Entscheidungen des Bundesgerichtshofs in Zivilsachen
BSchAufG	=	Gesetz über die Aufgaben des Bundes auf dem Gebiet der Binnenwirtschaft
BV	=	Verfassung des Freistaates Bayern
BVFG	=	Gesetz über die Angelegenheiten der Vertriebenen und Flüchtlinge — Bundesvertriebenengesetz —
BVerfG	=	Bundesverfassungsgericht
BVerfGE	=	Entscheidungen des Bundesverfassungsgerichts
BVerwG	=	Bundesverwaltungsgericht
BVerwGE	=	Entscheidungen des Bundesverwaltungsgerichts
DJZ	=	Deutsche Juristenzeitung
DÖV	=	Die öffentliche Verwaltung
DRZ	=	Deutsche Rechtszeitung
DVBl	=	Deutsches Verwaltungsblatt
E	=	Entscheidung(en)
Ges.	=	Gesetz
GG	=	Grundgesetz für die Bundesrepublik Deutschland

GjS	=	Gesetz über die Verbreitung jugendgefährdender Schriften
Grundrechte	=	Die Grundrechte, Handbuch der Theorie und Praxis, hrsg. von Franz Neumann, Hans Carl Nipperdey, Ulrich Scheuner, Bd. II, 1954; Bd. III, 1. Halbbd. 1958; Bd. IV, 1. Halbbd. 1960, hrsg. von Karl August Bettermann, Hans Carl Nipperdey, Ulrich Scheuner; Bd. III, 2. Halbbd. 1959, von Bettermann, Nipperdey, Scheuner; Bd. IV, 2. Halbbd. 1962, von Bettermann, Nipperdey; Bd. I, 1. Halbbd. 1966, von Bettermann, Neumann, Nipperdey
HCHE	=	Entwurf einer Verfassung des Verfassungskonvents in Herrenchiemsee, 1948
HdBDStR	=	Handbuch des Deutschen Staatsrechts, hrsg. von Gerhard Anschütz und Richard Thoma, 1. Bd. 1930, 2. Bd. 1932
HDSW	=	Handwörterbuch der Sozialwissenschaft
HV	=	Hessische Verfassung
HWRW	=	Handwörterbuch der Rechtswissenschaft, hrsg. von Fritz Stier — Somlo und Alexander Elster
JöR	=	Jahrbuch des öffentlichen Rechts der Gegenwart
JZ	=	Juristenzeitung
LG	=	Landgericht
NF	=	Neue Folge
NJW	=	Neue Juristische Wochenschrift
OLG	=	Oberlandesgericht
OVG	=	Oberverwaltungsgericht
RG	=	Reichsgericht
RGBl	=	Reichsgesetzblatt
RGSt	=	Entscheidungen des Reichsgerichts in Strafsachen
Rspr.	=	Rechtsprechung
SJZ	=	Süddeutsche Juristenzeitung
StGB	=	Strafgesetzbuch
StGH	=	Staatsgerichtshof
StPO	=	Strafprozeßordnung
U.	=	Urteil
Vers G	=	Versammlungsgesetz
Verw. Rspr.	=	Verwaltungsrechtsprechung in Deutschland
VVStRL	=	Veröffentlichungen der Vereinigung der deutschen Staatsrechtslehrer
VwGO	=	Verwaltungsgerichtsordnung
WRV	=	Verfassung des Deutschen Reichs vom 11. 8. 1919
Zeitschr. f. Schweiz. R.	=	Zeitschrift für schweizerisches Recht
ZöffR	=	Zeitschrift für öffentliches Recht
ZVG	=	Zwangsvollstreckungsgesetz

Einführung

Die Sorge um die Normativität der Verfassung ist allgemein zum Gegenstand verfassungsrechtlicher Erörterungen geworden. Lediglich über den zu ihrem Schutz einzuschlagenden Weg bestehen erhebliche Differenzen, wie die Diskussion um die verschiedenen Interpretationsmethoden zeigt. Als Beispiel mag hierzu die Kontroverse um die Auslegung der „verfassungsmäßigen Ordnung" in Art. 2 Abs. 1 GG dienen. Nach der Entscheidung des Bundesverfassungsgerichts[1], die die verfassungsmäßige Ordnung zur verfassungsgemäßen Ordnung überdehnte, warnten einerseits Autoren vor einer Ausweitung des Gesetzesvorbehalts im Grundrechtsbereich[2], während andere die Notwendigkeit einer Eingrenzung des von der Verflüssigung bedrohten Rechts auf freie Entfaltung der Persönlichkeit betonten[3].

Auf eine neue Gefahr für das Verfassungsrecht macht Leisner aufmerksam[4]. Er sieht den verfassungsrechtlichen Begriffsstand durch das einfache Gesetzesrecht gefährdet. Damit ist bereits angedeutet, daß sich seine Thesen in erster Linie an den Richter und an die Verfassungslehre richten.

Die vorliegende Arbeit will über eine kritische Würdigung der Konzeption Leisners hinaus die enge Verknüpfung von einfachem Gesetzesrecht mit der Verfassung präzisieren helfen. Sie soll ein Beitrag zu einem Verfassungsverständnis sein, das, von der Normativität des Rechts geleitet, weder einseitig normlogistisch noch soziologisch orientiert ist.

Die bisherigen Stellungnahmen zum Verhältnis von Verfassung zu Gesetz sind, entsprechend dem jeweiligen verfassungsrechtlichen Vor-

---

[1] BVerfGE 6, 32 ff.; vgl. *H. Peters*, Das Recht auf freie Entfaltung der Persönlichkeit in der höchstrichterlichen Rechtsprechung, S. 32 ff., 40; BVerfGE 20, S. 150 ff. zur Nichtigerklärung des Sammlungsgesetzes mit Anmerkung von *Rupp*, NJW 1966, 2037 ff.

[2] *Dürig*, Anmerkung zum Elfes-Urteil, JZ 1957, S. 169 ff., 171; *Maunz-Dürig*, Rdnr. 17 ff. zu Art. 2 Abs. 1 GG.

[3] *Lerche*, Übermaß, S. 297 f.; *Peters*, in: Festschrift für Laun, S. 669 ff.; *Hamel*, DVBl. 1957, S. 619; ferner *Forsthoff*, in: Festschrift für C. Schmitt, S. 33 f.; *Ehmke*, VVStRL 20, S. 53 ff., 82, kritisiert, daß mittels Art. 2 Abs. 1 GG die fehlende Gesetzgebungszuständigkeit soll gerügt werden können.

[4] Von der Verfassungsmäßigkeit der Gesetze zur Gesetzmäßigkeit der Verfassung; vgl. Besprechung von *Häberle*, in: AöR Bd. 90, S. 113 ff.

verständnis, stark geteilt. Soweit die Beziehung nicht bloß am Einzelfall problematisch wurde[5], begnügt man sich, gestützt auf Art. 1 Abs. 3 GG, noch weithin mit der Formel: „Früher Grundrechte nur im Rahmen der Gesetze, heute nur Gesetze im Rahmen der Grundrechte[6]." Offenbar geht diese Meinung davon aus, Verfassungsrecht sei aus sich selbst mittels der herkömmlichen Methoden interpretierbar. Eine andere Auffassung weist, von der topischen Grundstruktur des Verfassungsrechts — wie das eines jeden Rechts — ausgehend, auf dessen Konkretisierungsbedürftigkeit durch die nach der Verfassung zuständigen Organe hin[7].

Beide Ansichten leiden teilweise unter Vereinseitigungen und Verallgemeinerungen. Die Formel vom Vorrang der Grundrechte basiert auf der inzwischen des öfteren in Frage gestellten These[8], die Freiheit bedürfe keiner Gesetze. Auf der anderen Seite wird Häberle[9] selbst ein Opfer der von ihm kritisierten Verabsolutierungen, indem er zu einer generellen Ausgestaltungs- und Aktualisierungsfunktion des Gesetzgebers für die Grundrechte kommt[10]:

Aussagen wie „Stützung der Verfassung durch das Gesetz von unten", „Wechselwirkung von Verfassung und Gesetz"[11] mögen wohl einer rechtstheoretischen Fragestellung genügen, liefern aber keine brauchbaren Gesichtspunkte für eine praktische Entscheidung. Wesentliches Anliegen dieser Arbeit ist es, den Umfang der jeweiligen Gesetzesrezeptionen im Verfassungsrecht, speziell im Grundrechtsteil, durch rationale und nachprüfbare Hilfsgesichtspunkte einzugrenzen.

---

[5] Vgl. die Kontroverse um die Auslegung der Regelungsbefugnis des Gesetzgebers zu Art. 12 Abs. 1 S. 2 GG zwischen *Bachof*, GR III, S. 145 ff., 209 und *Scheuner*, Handwerksordnung und Berufsfreiheit, Sonderdruck aus: Deutsches Handwerksblatt, 1956, S. 16.

[6] *Maunz-Dürig*, Rdnr. 103 f. zu Art. 1 Abs. 3 GG; *Scheuner*, Die Auslegung verfassungsrechtlicher Leitgrundsätze, S. 35; *C. Schmitt*, Rechtsstaatlicher Verfassungsvollzug, in: Verfassungsrechtliche Aufsätze, S. 452 ff.; *W. Schmidt*, AöR Bd. 91, S. 42 ff., 56.

[7] So bereits *H. Heller*, Der Begriff des Gesetzes in der Reichsverfassung, VVStRL 1928, Heft 4, S. 98 ff.: „Auch Gesetzgebung ist Individualisierung von Normen"; aus der neueren Literatur: *Häberle*, Wesensgehaltgarantie, S. 210 ff.; *Ehmke*, VVStRL 20, S. 53, 62 ff.; *Lerche*, Übermaß, S. 98 ff., 300.

[8] Über Hintergründe und Ursachen des traditionellen Gesetzesverständnisses im Grundrechtsbereich vgl. *Häberle*, Wesensgehaltgarantie, S. 126 ff.; *Rupp*, Grundfragen, S. 175: „Dem objektiven Recht fällt nicht bloß die Aufgabe der Schrankenziehung hinsichtlich vorgegebener Individualrechte zu. Alles Recht ist überhaupt nur als Sozialordnung und nicht als ein Bündel uferlos gedachter und damit einen Kampf aller gegen alle auslösender Individualrechte denkbar."

[9] Wesensgehaltgarantie, S. 182, 210 ff.; vgl. die Besprechungen von *Lerche*, DÖV 1965, S. 213 ff. und *Denninger*, JZ 1963, S. 425.

[10] *Häberle*, a.a.O., S. 210, 212, 170 ff.

[11] *Häberle*, a.a.O., S. 210, 212.

Erstes Kapitel

Die Beziehung von Verfassung zu Gesetz bei Leisner

1. Besprechung seiner Schriften, insbesondere der Monographie „Von der Verfassungsmäßigkeit der Gesetze zur Gesetzmäßigkeit der Verfassung"

Zum besseren Verständnis der nachfolgenden Ausführungen sei die Besprechung der Studie Leisners „Von der Verfassungsmäßigkeit der Gesetze zur Gesetzmäßigkeit der Verfassung", wie seiner übrigen Arbeiten, soweit sie hier interessieren, an den Anfang gestellt.

Leisner stellt in fünf Abschnitten „Betrachtungen zur möglichen selbständigen Begrifflichkeit im Verfassungsrecht" an. Grundlegend ist die These[1], der Verfassung fehle in entscheidenden Punkten „begrifflicher Selbststand". Während spezifisches und historisch gewachsenes Verfassungsrecht, wie Organisationsnormen, weitgehend von niederrangigen und außerrechtlichen Elementen unberührt geblieben seien, gerieten Kompetenz — und vor allem Grundrechtsnormen zunehmend unter deren Einfluß. Gerade die Grundrechte, Zentrum und Angelpunkt des Bonner Grundgesetzes, würden aus „Form, Tradition und Grundsätzlichkeit" niederrangigen Gesetzesrechts bestimmt werden[2]. Gefährlich für die selbständige Normhöhe „sei der Kryptocharakter", mit dem das Niederrangige unkontrolliert in das Verfassungsrecht eindringe[3].

Um diesen Gefahren wirksam zu begegnen, sucht Leisner „die Verfassung nach dem Gesetz im engeren Sinn" systematisch zu erfassen, um ihr einen Platz zwischen offener Verweisung und selbständigem Verfassungsinhalt zuzuweisen[4]. Dieser Abschnitt ist der Kern der Schrift.

Die bisherigen Verfassungsinterpretationen begegnen dem Vorwurf in unkritischem Rückgriff, Verfassungsbegriffe aus niederen Normbereichen — von einzelnen Begriffselementen bis zu umfangreichen Komplexen — erfüllt zu haben, ohne sich vorher um eine selbständige

---

[1] *Leisner*, Verfassungsmäßigkeit der Gesetze, S. 5.

[2] *Leisner*, a.a.O., S. 42 ff., 47 f.

[3] *Leisner*, a.a.O., S. 10.

[4] *Leisner*, a.a.O., S. 26 ff.

Verfassungsauslegung bemüht zu haben. Von den angeführten Beispielen seien hier nur einige herausgegriffen: Der Begriff des Er-
ziehungsberechtigten in Art. 6 GG werde nach dem BGB bestimmt,
Post- und Fernmeldegeheimnis unter Rückgriff auf das Post- und
Fernmeldeanlagegesetz[5]. Der Gesetzesvorbehalt, nach Leisner die einzig legitime Form der „Verfassung nach dem Gesetz", führe zu einer
„Verfassungsverdrängung, Relativierung und zu einem Rückzug der
Verfassungsbegrifflichkeit"[6]. Das Bemühen um feste Kategorien für
die „Verfassung nach dem Gesetz", die sich von bloßer Verweisung
unterscheiden, ist in dem Satz umrissen: „Niederrangige Einzelelemente
tasten nur dann den begrifflichen Selbstand der Verfassung nicht an,
wenn der Rückgriff auf sie aus einer relativ stark integrierten Verfassungsbegrifflichkeit heraus erfolgt, welche sie zu assimilieren vermag[7]."

Eine zweite Erscheinungsform der „Verfassung nach dem Gesetz"
sei die Erfüllung aus der Tradition niederrangiger Normbereiche[8]. Hier
erweise sich der Rückgriff auf die Vorverfassungssituation, hinter der
sich ein Bündel niederrangiger und außerrechtlicher Gehalte tarne,
als ein gefährliches Einfallstor, die Verfassung auf den Gesetzgebungs-
zustand von 1949 zu zementieren[9]. Besonders den Kompetenzbegriffen
drohe wegen ihrer „resümierenden Offenheit" eine völlige Sperre[10].

Eine dritte Form der „Verfassung nach dem Gesetz" sei die Erfüllung
aus „Grundsätzlichkeit und Theorie" niederrangiger Normbereiche[11].
In diesem Zusammenhang macht Leisner erhebliche Bedenken gegen
das institutionelle Denken im Grundrechtsbereich geltend. Niederrangiges Recht dringe von Prinzipien bis hinab zu Einzelregelungen
unkontrolliert in das Verfassungsrecht ein und liefere die Grundrechte,
damit der Manipulation des Gesetzgebers aus[12].

Die bisherigen Lösungsversuche in der Literatur krankten daran,
daß die Rechtslehre das Problem als solches noch nicht erkannt habe[13].

Soweit man sich dessen bei Einzelfällen bewußt werde, versuche
man einen verfassungsrechtlichen Selbstand sofort unter Rückgriff auf
Außerrechtliches zu schaffen. Weil jedoch „Außerrechtliches" und

---

[5] *Leisner*, a.a.O., S. 33, 34.
[6] *Leisner*, a.a.O., S. 40.
[7] *Leisner*, a.a.O., S. 32.
[8] *Leisner*, a.a.O., S. 42.
[9] *Leisner*, a.a.O., S. 42.
[10] *Leisner*, a.a.O., S. 43.
[11] *Leisner*, a.a.O., S. 47.
[12] *Leisner*, a.a.O., S. 48 ff.
[13] *Leisner*, a.a.O., S. 61.

„Niederrangiges" nicht scharf zu trennen seien, werde die heute viel-
gesuchte „Beziehung zur Wirklichkeit" nur zu einer neuen Öffnung
für niederrangige Gehalte[14]. Sie lasse die Schärfe der Normstufenproblematik verblassen, da sie notwendig neben der Pyramide stehe.
Dieser kritischen Bestandsaufnahme stellt Leisner seine eigenen Lö-
sungsansätze bewußt in thesenartiger Form gegenüber. Vor Anerkennung der Verfassung im materiellen Sinn fordert er: Nur vorsichtige
Rezeption von unten im Einzelfall, dem die Erschöpfung aller Erfül-
lungsmöglichkeiten selbständiger Verfassungsinterpretation voranzuge-
hen habe; Auslegung der Verfassung als Einheit; Verstärkung der
Verfassungstheorie; die meisten niederrangigen Begriffe seien im
„atechnischen Verfassungssinn" zu verstehen; im Zweifel keine Übernahme von Normkomplexen; Abstoppen der Institutionalisierungsbewegung im Grundrechtsbereich; Entwicklung eines „materiellen
Verfassungsrechts" auf jedem Rechtsgebiet und für die Grundrechte
ein in Art. 19 Abs. 2 GG verankertes Kernbereichsdenken[15].

Der Schluß mündet in allgemeine Zusammenhänge ein: „Verfassung
nach dem Gesetz" sei nur der wichtigste Fall der Erfüllung „von unten
nach oben", hinter dem sich das Problem des Nominalismus verberge[16].

Die in dieser Schrift stark akzentuierte systematische Begrifflichkeit[17], die häufige Bezugnahme auf die Normstufen und Normen-
pyramide[18], die Kennzeichnung der sozialen Wirklichkeit als außerrechtliche Momente[19], finden sich auch in den übrigen Veröffentlichungen
Leisners.

In den „Betrachtungen zur Verfassungsauslegung"[20] seien „gerade bei
ausgreifenden Verfassungsnormen außerverfassungsmäßige, ja außerrechtlich gebildete Vorstellungsgehalte entscheidend"[21]. „Die Verfassung
in ihrer scheinbar am vollkommensten vollzogenen ‚Verrechtlichung'
schlage so antithetisch in eine erstaunliche Herrschaft des Außerrechtlichen um[22]." Bei einer Auslegung der Verfassung aus ihrem Geist
dürfe nicht übersehen werden, daß sich der „Geist" der Verfassung aus
normniederen Schichten entwickeln könne[23].

---

14 *Leisner*, a.a.O., S. 62.

15 *Leisner*, a.a.O., S. 64, 65.

16 *Leisner*, a.a.O., S. 70, 71.

17 a.a.O., S. 7 ff., 11 ff., 16 f., 50.

18 a.a.O., S. 61 f., 37, 19, 29, 62.

19 a.a.O., S. 62.

20 DÖV 1961, S. 641 ff.

21 a.a.O., S. 641, 644.

22 a.a.O., S. 642, 647.

23 a.a.O., S. 641, 647.

In seiner Habilitationsschrift[24] würdigt Leisner die „Durchführung des Normstufengedankens bis in das letzte" als das große Verdienst der Wiener Schule Kelsens und Merkls. Hinter den Versuchen, die Grundrechte in ihrer Gesamtheit als subjektiv öffentlich-rechtliche Ansprüche zu begreifen, trete der Zusammenhang zwischen Grundrechtsrichtung und Normhierarchie klar zu Tage[25]. Da aber der subjektiv-öffentlichrechtliche Anspruch auf einer niederen Stufe juristischer Begrifflichkeit entwickelt worden sei, werde Unvergleichbares miteinander verglichen: „Die Freiheit (die hier mit den Grundrechten identifiziert wird) mit ihren normativ vertikal und horizontal ... überschießenden Tendenzen und die indifferente Anspruchsform des subjektiv-öffentlichen Rechts[26]."

Das Verfassungsrecht werde zur unnötigen Analogiebrücke degradiert, wenn verfassungsrechtliche Bestimmungen aus niederrangigen Normen sinnerfüllt, und deren Inhalt dann — von oben her — auf andere Normen übertragen werde[27].

Wenigstens teilweise unproblematischer scheint Leisner die Beziehung von Verfassung zu Gesetz zu sehen, wenn er den Grundsatz der Gewaltenteilung einer näheren Ausgestaltung durch das Gesetz für zugänglich hält[28].

Daneben dürfen aber nicht rein normativ orientierte Aussagen übersehen werden: Dem Staatsrecht drohe eine Unterwanderung durch die allgemeine Staatstheorie, und vor allem die Verwaltung stoße bei der „letzten Normkonkretisierung auf den Widerstand des Faktischen"[29].

Stark begriffliches Denken steht in der Schrift „Die bayerischen Grundrechte" im Vordergrund. Zur Überprüfung der Fortgeltung der Grundrechte der BV nach Inkrafttreten des Grundgesetzes wird zwischen Anspruchsinhalt, Beschränkungsmöglichkeiten, Grundrechtsrichtung und Adressatenkreis unterschieden[30]. Auf dem Normstufengedanken beruht anscheinend auch die grundrechtliche Werthierarchie, wenn Art. 101 BV generell der Meinungsfreiheit vorgehen soll[31].

Besonders kritisiert Leisner die Rechtsprechung des Bayer. VerfGH zu den immanenten Grundrechtsschranken. Der Bayer. VerfGH gelangt zu einer Begrenzung der in Art. 102 BV garantierten Freiheit der

---

[24] Grundrechte und Privatrecht, S. 61.
[25] a.a.O., S. 45.
[26] a.a.O., S. 45.
[27] a.a.O., S. 165.
[28] *Leisner*, Öffentlichkeitsarbeit der Regierung im Rechtsstaat, S. 67.
[29] a.a.O., S. 78, 95.
[30] *Leisner*, Die bayerischen Grundrechte, S. 19.
[31] a.a.O., S. 40.

Person, indem Beschränkungen des bürgerlichen und des Strafrechts in ihr mitgedacht seien[32]. Damit werde das Grundrecht der Disposition des Gesetzesgebers ausgeliefert.

Die Möglichkeit einer Synthese normverschiedenen Rechts wird angedeutet, wenn auf die resignierende Feststellung hin, der Bayer. VerfGH habe die Entwicklung einer eigenen Grundrechtssystematik versäumt und sich strikt nach dem Standard des Grundgesetzes ausgerichtet, der Satz folgt, daß hier eine Chance vertan worden sei, Wertungen eines niederrangigen Systems sinnerfüllend nach oben in das Bundesrecht zu interpretieren[33]. Wenn Leisner auch an anderer Stelle die „bisweilen fruchtbare Bewegung der Verfassung nach dem Gesetz" erwähnt[34], so wird dieser Gedanke nicht systematisch entwickelt. Die Fragestellung, inwieweit die einzelnen Grundrechtsstrukturen einer niederrangigen Auffüllung bedürfen oder ihr zumindest zugänglich sind, bleibt aus. Die Aneinanderreihung systemgegensätzlicher Gedanken führt denn auch zu einigen Ungereimtheiten. Bei der theoretischen Anerkennung verfassungswidriger Verfassungsnormen[35] ist wiederum der Normstufengedanke Pate gestanden, der offenbar zurücktritt, wenn der Gesetzgebung bestätigt wird, sie wirke mit ihrer Dynamik und Vielfalt laufend in die Verfassung hinein[36], und damit befruchtend auf das Bundesverfassungsrecht.

Anklänge an ein streng normatives Rechtsverständnis finden sich auch in rechtstheoretisch ferneren Gebieten, wie in dem Beitrag zur Gefährdungshaftung im öffentlichen Recht[37]. Der Normstufengedanke stützt die These, die objektive Ersatzleistung des Staates sei bei Unfällen durch die Aufopferung abschließend geregelt[38].

Diese Beispiele mögen genügen, um Leisners rechtstheoretischen Standpunkt zu fixieren.

2. Der Verfassungsbegriff bei Leisner

Der dem Verfassungsrecht gewidmete Teil seiner Schriften läßt die Feststellung zu, daß Leisner insgesamt einen gemischten Verfassungsbegriff anstrebt, dessen formale „Seite" er jedoch zu sehr überbetont und sich damit den Weg zu einem materialen Verfassungsverständnis

---

[32] BayVerfGHE seit 1, S. 93, 96; 3, S. 10, LS 2.
[33] a.a.O., S. 73.
[34] a.a.O., S. 94.
[35] a.a.O., S. 96.
[36] a.a.O., S. 119.
[37] VVStRL 20, S. 185 ff.
[38] a.a.O., S. 237.

erheblich erschwert. Die Beachtung eines Katalogs weitgehend formalisierter Elemente von Anerkennung einer Verfassung im materiellen Sinn[39] verselbständigt und isoliert die formalen Verfassungsstrukturen. Diese sind jedoch nicht selbständig funktionsfähig, sondern notwendig inhaltlichen Elementen zugeordnet[40]. So sehr sich in der Gegenwart ein die formalen Strukturen überspielendes und erdrückendes Wertdenken gerade im Grundrechtsbereich breit gemacht hat[41], und deshalb zu einer wachsenden Unsicherheit in der Interpretation führte[42], so wenig überzeugt eine Methode, die die Normativität der Verfassung durch Rückzug auf deren formale Elemente retten will.

Kelsen[43] setzte sich bei seinem Versuch, die Reinheit des Rechts in einem reinen Normlogismus zu bewahren, dem Einwand Erich Kaufmanns aus[44], der erkenntnistheoretische formale Rationalismus sei nur Ausdruck einer Flucht „aus der bedrückenden und erdrückenden unendlichen Mannigfaltigkeit der Wirklichkeit, der gegenüber als letzte Zufluchtsstätte bloß noch abstrakte, bloß noch formale und eindimensionale Begriffsbildungen, die alles Stoffliche und Anschauliche ausgeschieden haben, Ruhe gewähren können". Neuerdings hat M. Drath[45] nachgewiesen, daß lediglich eine Rechtstheorie die sozialwissenschaftliche Aspekte aufnimmt, den Anforderungen unserer industriellen

---

[39] *Leisner*, Verfassungsmäßigkeit der Gesetze, S. 64 f.

[40] *Wintrich*, Zur Problematik der Grundrechte, S. 8; vgl. *Lerche*, Übermaß, S. 129.

[41] BVerfGE 2, S. 72 f. (zur „Spannungslage zwischen Art. 21 und Art. 38 GG); BayVerfGH, in: VGH n. F. 7, II, S. 59, 64 (Güterabwägung bei Art. 141 Abs. 3 S. 1 BV); *Maunz*, Deutsches Staatsrecht, S. 44, spricht von einem Wertsystem „menschlicher Güter", das aus der „Würde des Menschen" zu entwickeln sei; ferner *Maunz-Dürig*, Rdnr. 5 ff. zu Art. 1 Abs. 1 GG; BVerfGE 7, S. 198 ff., 215; *Geiger*, Grundrechte und Rechtsprechung, S. 21; *Scheuner*, VVStRL 11, S. 61 ff., der Vorbehalt auf die allgemeinen Gesetze verweise auf die Wert- und Rangordnungen des Grundgesetzes; *Häberle*, Wesensgehaltgarantie, S. 25 f.; speziell die Literatur zu Art. 118 WRV bzw. Art. 5 Abs. 2 GG: *Häntzschel*, HdBDStR II, S. 651, 659; *Hamel*, Grundrechte, S. 46, 49; *Köttgen*, Meinungsfreiheit, S. 71; *v. Mangoldt*, K., Erl. 3 c zu Art. 5 GG; *Nawiasky-Leusser*, K., S. 188, zur Bekenntnisfreiheit; *Wintrich*, Zur Problematik der Grundrechte, S. 11, 13; *Coing*, Grundzüge der Rechtsphilosophie, S. 268: „Anwendung des Gesetzes ist die Bewertung eines Sachverhalts nach den im Recht enthaltenen Wertungen."

[42] Kritisch zum Wertdenken *Forsthoff*, Rechtsstaat im Wandel, in: Die Umbildung des Verfassungsstaates, S. 147 ff., 160, 161; derselbe, Zur Problematik der Verfassungsauslegung, S. 31; *Lerche*, Übermaß, S. 129; *Ehmke*, VVStRL 20, S. 53 ff., 77; derselbe, in: Verfassungsänderung, S. 76; *Rupp*, Grundfragen, S. 242, „das Recht ist niemals identisch mit letzten Werten, sondern Instrumentarium zum Schutz bestimmter Werte".

[43] *Kelsen*, Staatsrechtslehre, S. 7 ff., Der soziologische und der juristische Staatsbegriff, S. 86 ff.

[44] *E. Kaufmann*, Kritik der neukantischen Rechtsphilosophie, S. 99.

[45] *M. Drath*, Festschrift für G. Leibholz I, S. 35 ff.

Gesellschaft gerecht werden kann[46]. Das Recht kann nicht nur rein normativ als System von Zwangsnormen, sondern auch „rechtstranszendent", d. h. vom „Sinn und Zweck seiner sozialen Funktion her gesehen werden. Die rein normative Lehre ist selbst nicht imstande, ihre Prämisse konsequent durchzuhalten. Die von Kelsen konstruierte Grundnorm ist die unvermeidliche Folge, das positive Recht weder aus einer Rechtsidee noch aus ihrem soziologischen Gelten abzuleiten (da eben die Logik verbiete, das Sollen auf das Sein zurückzuführen). Die Grundnorm kann aber die Frage nach dem Grund der Verbindlichkeit des positiven Rechts nicht beantworten. Kelsens Antwort, das positive Recht sei verbindlich, weil wir uns seine Verbindlichkeit denken müßten, verweist diese fundamentale Frage aus der reinen Rechtslehre hinaus[47]. Die Frage nach der Verbindlichkeit der Sollensordnung als ein Produkt der sozialen Gestaltung und Entwicklung kann deshalb nur aus den Zusammenhängen beantwortet werden, die dieses Produkt der Geschichte bewirkt haben[48]. Damit tritt die Grundnorm hinter der eigenen Aussage Kelsens zurück, daß die faktische Befolgung die conditio sine qua non für die Verbindlichkeit des positiven Rechts sei[49]. Kelsen trägt damit selbst ein Faktum in seine reine Rechtslehre hinein, das aber nur sozialwissenschaftlich analysiert und begründet werden kann.

Den gleichen Bedenken muß die Auffassung Leisners begegnen, wenn er unter ausdrücklicher Bezugnahme auf Kelsen[50], die von der Literatur nicht oder nicht hinreichend beachtete Normstufenproblematik hervorhebt, für die Grundrechte ein quantitatives Kernbereichsdenken fordert, und soziale Tatbestände als außerrechtlich qualifiziert. Sein Verfassungsverständnis ist stark von Kelsen beeinflußt.

Die Norm ist bei ihm kein „soziales Phänomen, als Gebilde und Regulator sozialen Lebens"[51], sondern hat nur eine ideelle Geltung. Es kommt nicht von ungefähr, daß er das Verhältnis von Norm zur Wirklichkeit eher spielerisch als problematisch behandelt[52]. Wie bei dem Neukantianer Kelsen, entspricht bei Leisner der Unterschied von Natur und Geist dem von Sein und Sollen. Da die Sphäre des Geistes normativ determiniert ist, kann die Rechtsnorm nur einer, und zwar der normlogischen des Sollens angehören[53]. Jeder materielle Einfluß rangniederer Normen oder soziologischer Gehalte muß demnach konse-

---

[46] a.a.O., S. 60.
[47] *Drath*, a.a.O., S. 68, 69.
[48] *Drath*, a.a.O., S. 70.
[49] *Drath*, a.a.O., S. 70.
[50] *Leisner*, Verfassungsmäßigkeit der Gesetze, S. 8, 23, 67, 69.
[51] So *Rupp*, Grundfragen, S. 141.
[52] *Leisner*, a.a.O., S. 62.
[53] *Kelsen*, Der soziologische und der juristische Staatsbegriff, S. 104 ff.

quent als Relativierung und Unterwanderung der Verfassung erscheinen. Hieraus erklären sich auch seine kräftigen Affekte gegen die politische Wissenschaft[54]. Daß eine Norm allein durch Änderung tatsächlicher Verhältnisse, die sich als Strukturwandel erweisen, verfassungswidrig werden kann, wie es das Bundesverfassungsgericht mehrfach ausgesprochen hat[55], kann Leisner, wenn er an seinen rechtstheoretischen Grundlagen festhält, schwerlich erklären. Um der Verfassung ihre von jedem Wirklichkeits- und Gesetzesbezug weitgehend gelöste „ideologische" Höhe[56] zu sichern, verneint er eine jedenfalls durch diese Elemente erforderliche Konkretisierungsbedürftigkeit der Grundrechte[57].

3. Kritik

Gegen diese Verfassungskonzeption bestehen erhebliche Einwände. Wenn Leisner auch um einen materiellen Verfassungsbegriff bemüht ist[58], so fragt es sich gerade, ob und wie die Substanz der Verfassung mit ihrer „höheren Begrifflichkeit" erfaßt werden soll, wenn ihre formelle Ranghöhe jeden materiellen Bezug nach „außen und nach unten" weitgehend unterbinden soll. Diese statische Verfassungssicht kann nicht erklären, daß die Verfassung in den politisch-dynamischen Lebensprozeß des Staates einbezogen ist und selbst wiederum die Pluralität und Komplexität des Staates integriert und reguliert. Leisner vergeistigt sie und will sie weitgehend vom Staatsleben fernhalten. Die Verfassung soll aber gerade die politische Grundentscheidung für eine bestimmte Form und einen spezifischen Inhalt des staatlichen Zusammenlebens sein. Ihre Rechtssätze sind sachgeprägte Ordnungsmodelle, die dem einzelnen einen freien politischen Lebensraum unter Verschränkung und Rationalisierung staatlicher Macht gewährleistet[59]. Leisners Anliegen, die Verfassung vor einem Absinken in bloße „Gesetzmäßigkeit" und letztlich vor einer Degradierung zum Spiegelbild sozialer und politischer Tageskonflikte zu bewahren, ist durchaus berechtigt. Allein die Methode, der Verfassung durch Überbetonung ihrer formalen Rangqualität de facto den Wirklichkeitsbezug abzuschneiden, führt zu einer gegenteiligen, wenn auch ungewollten Wirkung. Die Verfassung wird zu einem Normtext, über den die politische Entwicklung hinweggeht.

---

[54] *Leisner*, Verfassungsmäßigkeit der Gesetze, S. 58, 71.

[55] BVerfGE 12, S. 341, 353 f.

[56] *Leisner*, a.a.O., S. 47, „ideologische Schwere allen Verfassungsrechts".

[57] *Leisner*, Grundrechte und Privatrecht, S. 307.

[58] *Leisner*, Verfassungsmäßigkeit der Gesetze, S. 64.

[59] *Ehmke*, Verfassungsänderung, S. 136.

Zweites Kapitel

Die notwendige Gesetzesnähe der Verfassung

1. Die Einheit der Rechtsordnung

a) Die Normstufenpyramide und ihre Kritik

Die Kritik am überspitzten Normstufendenken Leisners hält ihm die Idee der Einheit der Rechtsordnung entgegen[1]. Wie wenig konkret dieser Begriff ist, zeigt die Tatsache, daß gerade der Gedanke der Normstufen die postulierte Einheit der Rechtsordnung herstellen sollte. Daß diese Lehre nicht von bloß rechtshistorischem Interesse ist, zeigt die Resonanz auf die jüngeren Arbeiten Kelsens[2]. Die Stufentheorie, erstmals von Bierling erwähnt, fand bereitwillige Aufnahme in der Wiener Schule Kelsens[3]. Sie spricht nicht nur der konkreten Rechtsanwendung Normqualität zu[4], sondern bemüht sich, das beziehungslose Nebeneinander verschiedener Rechtsebenen in eine festgefügte, in eine Höhen- und Tiefendimension verlaufende Rangordnung zu bringen. Bildlich gesprochen bilden die verschiedenen Rechtsebenen einzelne Stockwerke, in der jede von einer höherrangigen überlagert wird, die sich endlich in einen gemeinsamen Schnittpunkt der „Grundnorm" (Kelsen) oder der „Ursprungsnorm" (Merkl) treffen. In diesem Gebäude sind Normen der jeweils höheren Ordnung Geltungsgrund für die jeweils niederen. Zwischen beiden Stufen besteht aber nicht bloß ein rechtslogischer Geltungszusammenhang, sondern auch eine

---

[1] Vgl. *Häberle*, AöR Bd. 90, S. 121.

[2] *Kelsen*, JZ 1965, S. 465 ff.: Was ist juristischer Positivismus?, Politics, ethics, religion and law, in: Festgabe für E. Fraenkel, S. 3—10; vor allem der vielbeachtete Vortrag, Die Grundlage der Naturrechtslehre, in: Österr. Zeitschr. für öffentliches Recht, Bd. XIII, 1964, S. 1—37, Diskussion hierzu a.a.O., S. 117—127; vgl. auch *H. v. Olshausen*, AöR 91, S. 561 ff.

[3] *Kelsen*, Allgemeine Staatslehre, S. 229 ff., Reine Rechtslehre, S. 62 ff.; *G. Husserl*, Rechtskraft und Rechtsgeltung; *Schönfeld*, Die logische Struktur der Rechtsordnung, S. 48 ff.; das Hauptverdienst um die Entwicklung des Normstufengedankens kommt *Merkl* zu, vgl. Lehre von der Rechtskraft, S. 181 ff.; kritisch hierzu *Binder*, Philosophie des Rechts, S. 925 ff.; *Nawiasky*, Zeitschrift für öffentliches Recht VI, 1927, S. 488 ff.

[4] Hierzu *Kelsen*, Staatslehre, S. 233: „Das Urteil, daß ein gesetzlicher Tatbestand im konkreten Fall für gegeben erklärt und eine konkrete gesetzliche Rechtsfolge ausspricht, ist nichts anderes als eine individuelle Rechtsnorm."

genetische Verknüpfung[5]. Damit werden Normen der höheren Ordnung zum Bestandteil der unteren. Folglich greifen Rechtserzeugung und Rechtsanwendung ineinander, weil Rechtserzeugung zugleich Anwendung der höheren Rechtsnorm ist. Kelsen und Merkl haben aber stets betont, daß die untere Norm nie stets ganz in der höheren enthalten ist. Neben die heterogene Komponente der höheren Norm trete stets ein autonomes, vom Normsetzer volitiv hinzugefügtes Moment[6].

Durch die hier nur skizzierte Stufentheorie wurde das Recht systematisiert und damit überschaubarer. Klarheit und einheitsbildende Wirkung dieser Theorie finden ihren sinnfälligen Ausdruck in der Konstruktion der Grundnorm[7], auf die das ganze Rechtssystem ausgerichtet ist. Die Stufentheorie ist der erste ausgearbeitete Entwurf zur Begründung einer einheitlichen Rechtsordnung, ohne sie axiomatisch zu unterstellen.

Dennoch blieb diese imponierende Denkleistung vor — wenn auch teilweise unberechtigter — Kritik nicht verschont[8]. Angesichts ihres Umfangs und ihrer oft temperamentvollen, bisweilen persönlichen Art, verbleibt nur noch, ihre wesentlichen Argumente zusammenzufassen. Einmal wurde eingewandt, die Vorstellung, daß die niedere Norm nur kraft der höheren gelte, sei unvereinbar mit Gerichtsurteilen, die trotz prozessualer und sachlicher Mängel rechtskräftig werden. Denn wie soll der logische Vorrang der höheren Norm gewahrt bleiben, wenn die niedere (der Gerichtsakt) entgegen der höheren maßgeblich bleibt? Dieser Einwand ist nur zum Teil berechtigt. Die Stufentheorie unterscheidet zwischen geltungs- und erzeugungsbegründender Wirkung der

---

[5] *Merkl*, a.a.O., S. 219, „Die logisch höhere ist zugleich die genetisch frühere, die logisch niedere zugleich die genetisch spätere Rechtsnorm. Der Statik der Rechtsstufen entspricht eine Dynamik etappenweiser Rechtserzeugung. Die stufenweise Rechtserzeugung vollzieht sich in der Weise, daß objektives Recht einer bestimmten Stufe gewissermaßen in die Subjektivität des zur Erzeugung von Recht der nächsten Stufe berufenen Organs eingeht, worauf aus diesem Subjekt in einem Willens- und Denkprozesse objektives Recht der nächstniederen Stufe in die Rechtswelt austritt".

[6] *Merkl*, Lehre der Rechtskraft, S. 279 f.; *Kelsen*, Reine Rechtslehre, S. 198 ff.

[7] Zum Begriff der „Grund- oder Ursprungsnorm" siehe *Kelsen*, Staatslehre, S. 248 ff.; Reine Rechtslehre, S. 67 ff.; *Nawiasky*, a.a.O., S. 491. Um das dynamische Problem der Normänderung zu überwinden, muß jede Normänderung auf die Grundnorm als Blankett „zurückgeführt (werden), von dieser delegiert und so gleichsam in nuce schon vorweggenommen vorgestellt werden"; so *Kelsen*, Das Problem der Souveränität, S. 48 f.

[8] Die Kritik an Kelsen war vornehmlich eine Kritik am Neukantianismus; vgl. *E. Kaufmann*, Kritik der neukantischen Rechtsphilosophie, S. 81 ff.; *C. Schmitt*, Politische Theologie, S. 26 ff.; *H. Heller*, Die Souveränität S. 63, 93; *Rupp*, Grundfragen, S. 51, 59, 73; *Coing*, Grundzüge der Rechtsphilosophie, S. 287; *R. Smend*, Verfassung und Verfassungsrecht, in: Staatsrechtliche Abhandlungen, S. 124, 265; *A. Vonlanthen*, Zu H. Kelsens Anschauung über die Rechtsnorm, hierzu kritisch *H. v. Olshausen*, AöR 91, S. 561 ff.

höheren Norm. Bezüglich der ersteren kann der Kritik entgegengehalten werden, daß es eine Zweckmäßigkeitsfrage des Rechts ist, ob es die Beachtung sämtlicher Rechtssätze der höheren Ordnung zur Gültigkeitsvoraussetzung für die Normen niederer Ordnung macht[9]. Die Stufentheorie kann jedoch nicht leugnen, daß durch die Maßgeblichkeit des materiell rechtskräftigen, richterlichen Erkenntnisses trotz Verletzung höherer Rechtsnormen der dynamische Erzeugungszusammenhang gestört ist. Denn die Norm niederer Stufe durfte nicht so erzeugt werden, wie sie erzeugt worden ist. Den damit auftretenden Widerspruch, daß einerseits der rechtslogische Geltungszusammenhang gewahrt bleibt, der genetische aber gestört wird, kann die Stufentheorie nicht überbrücken[10].

Die Stufentheorie kann aber auch ein zweites Problem nicht erklären. Wenn sie den Geltungsgrund aller Normen aus der Grundnorm ableitet, so müssen die unter ihr zusammengefaßten Normen von ihrer Geltung abhängen. Mit einem Wechsel der Grundnorm, der nach Kelsen dann anzunehmen ist, wenn Normen durch einen bisher nicht legitimierten Erzeugungsmodus geschaffen werden, müßte auch die Rechsordnung wechseln. Da für Kelsen Staats- und Rechtsordnung identisch sind, die letztere aber „die Begründung ihrer Einheit in der als Verfassung im rechtsideologischen Sinne bezeichneten Grundnorm" hat[11], kann ein Wechsel der Grundnorm dann angenommen werden, „wenn die Verfassungsänderung als Verfassungsbruch erfolgt, d. h. wenn man — um sie als gültig anzusehen — eine andere Grundnorm voraussetzen muß als jene, auf der die alte Verfassung beruht"[12]. Das völkerrechtliche Problem, inwieweit durch eine erfolgreiche Revolution die Identität des Staates berührt wird, bleibt hier außer Betracht[13].

Seit Inkrafttreten des Bürgerlichen Gesetzbuches und der Gesetze des Norddeutschen Bundes hat Deutschland zwei Revolutionen erlebt. Damit sind drei gänzlich verschiedene „Grundnormen" zur Herrschaft gelangt. Dennoch sind das BGB, HGB und StGB Bestandteile ein und derselben Rechtsordnung geblieben. Die Neuverkündung dieser Gesetze nach 1945 und damit ihre Aufnahme „in den Willen des Verfassungsgebers" war keine Rezeption in eine neue Rechtsordnung, da sich die BRD als Rechtsnachfolger des deutschen Reichs versteht[14]. Der Wechsel der Rechtsordnung ist damit von dem der Grundnorm unabhängig.

---

[9] So *Engisch*, Einheit der Rechtsordnung, S. 15.

[10] Hierzu *Engisch*, a.a.O., S. 16.

[11] *Kelsen*, Allgemeine Staatslehre, S. 249.

[12] *Kelsen*, a.a.O., S. 249.

[13] Hierzu eingehend *Verdroß*, Einheit des rechtlichen Weltbildes, S. 144 ff.

[14] *Maunz*, Deutsches Staatsrecht, S. 16, 17. Aufl.; BGHZ 8, S. 169, 179; 16, S. 184, 188 f.; vgl. auch Art. 131, 134, 135 a GG und § 142 Abs. 1 BEG.

Die Stufentheorie hat sich an den Problemen der Praxis nicht bewährt und kann deshalb die Einheit der Rechtsordnung nicht erklären.

b) Die gegenseitige Ergänzungsbedürftigkeit von Rechtssätzen innerhalb von Teilrechtsordnungen

Wie aber läßt sich die bald postulierte, bald axiomatisch unterstellte Einheit der Rechtsordnung im geltenden Recht nachweisen?

Stammler[15] bemerkte einmal: „Sobald jemand einen Paragraphen eines Gesetzbuches anwendet, so wendet er das ganze Gesetzbuch an", und Heck schreibt[16]: „Der Richter hat zwar den Einzelfall zu entscheiden, aber unter Anwendung der ganzen Rechtsordnung." Dies heißt, um bei der untersten Stufe der Gesetzesanwendungen zu beginnen, daß jeder abstrakte Rechtssatz durch Verweisung auf andere zu ergänzen ist. Bei den sogenannten unselbständigen Rechtssätzen bedarf dies keines näheren Nachweises. Rechtsverneinende Sätze wie §§ 134, 138 BGB, und solche, die bestimmte Rechtsfolgen nachträglich vernichten, wie die §§ 119, 2078 BGB, oder lediglich einen Begriff definieren wie die §§ 90, 121 Abs. 1 S. 1 BGB entfalten ihre Wirkung erst, wenn sie in Tatbestände und Rechtsfolgen anderer Normen eingeordnet werden. Aber selbst so selbständig erscheinende Normen wie die §§ 433 Abs. 1, 535 Abs. 1 und 631 BGB blähen sich, wollte man ihre Teile wiederum durch andere Rechtssätze ergänzen, zu monströsen Gebilden auf. Sicher ist diese so gesehene Art der Rechtseinheit nur technischer Natur, das Vor-die-Klammer-Setzen des allgemeinen Teils einer umfangreichen Kodifikation ein rechtstechnischer Kunstgriff, um die Übersichtlichkeit zu bewahren.

c) Konkurrenz von Rechtssätzen als Folge materieller Zusammengehörigkeit

Nun besteht eine Kodifikation, die eine umfangreiche Materie regelt, wie etwa das BGB oder das StGB, aus einer Vielzahl selbständiger, durch andere Rechtssätze ergänzten Normen. Welche von ihnen auf einen vorgegebenen Lebenssachverhalt „paßt", ist eine Frage der Konkurrenz. Diese kann darin bestehen, daß mehrere Rechtssätze auf einen Sachverhalt nebeneinander „anwendbar" sind (sogenannte Anspruchkonkurrenz im BGB, Idealkonkurrenz im StGB), oder sich gegenseitig ausschließen, sei es, daß sich diese Rechtssätze im Verhältnis der Alter-

---

15 *Stammler*, Theorie der Rechtswissenschaft, S. 24, 25.
16 *Ph. Heck*, Begriffsbildung und Jurisprudenz, S. 107.

nativität oder der Spezialität gegenübertreten[17].Wie problematisch das
Verhältnis der Rechtssätze zueinander im einzelnen auch sein mag, so
offenbart es doch die innere Zusammengehörigkeit der Teile eines verschiedene Materien regelnden Gesetzgebungswerkes. Die scheinbar
schematischen und formalen Regeln der lex specialis usw. sind in Wirklichkeit nicht den Rechtssätzen vorgegeben, sondern aus dem Inhalt
von Normen abstrahiert, die sich gegeneinander in bestimmter Weise
voneinander abgrenzen lassen[18].

d) Immanente Problemzusammenhänge im BGB und StGB

Auf der Erkenntnis inhaltlicher Zusammengehörigkeit von Rechtssätzen aufbauend, hat bereits Fritz v. Hippel[19] für das bürgerliche Recht
„immanente Problemzusammenhänge" nachgewiesen. Hat sich der Gesetzgeber dafür entschieden, daß „es den Rechtsgenossen freigestellt
bleibt, über ihr wechselseitiges zukünftiges Verhalten durch willkürliche Wahl geeigneter neuer Verhaltensmaximen selber zu bestimmen"[20], so ist er zur Beantwortung einer Reihe von „immanenten
Dauerfragen" gezwungen, z. B. zur Normierung von Regeln über den
rechtsgeschäftlichen Verkehr. Von einem bestimmten Güterverteilungs-
prinzip ausgehend, sind Geschäftsfähigkeit, Verfügungsbefugnis, Grenzen der Privatautonomie, die Behebung ihrer Störungen, wie Willens-
erklärungen unter Irrtum und Drohung, und Leistungsstörungen zu
bestimmen.

Dieselben sachlogischen Zusammenhänge lassen sich im Strafrecht
nachweisen. Durch die sorgfältig abgestufte Skala von Strafdrohungen
hat der Gesetzgeber zugleich eine Rangordnung der „Wertigkeit" der
im einzelnen geschützten Rechtsgüter aufgestellt. Deshalb ist eine an
sich tatbestandsmäßige Handlung ausnahmsweise gerechtfertigt, wenn
sie unausweichlich zum Schutz eines höheren Gutes geboten war.

Die inhaltslogischen Beziehungen gehen aber über die einzelnen
Teile der Rechtsordnung hinaus. Der vom BGB gewährte materielle
Anspruch würde den Gläubiger, ohne die Möglichkeit zwangsweiser
Durchsetzung, der Beliebigkeit des Schuldners aussetzen.

Gegenseitige Ergänzungen lassen sich ferner zwischen Zivil- und
Verwaltungsrecht feststellen. Die Figur des privatrechtsgestaltenden

---

[17] Vgl. im einzelnen *Dietz*, Anspruchskonkurrenz; *Enneccerus-Nipperdey*,
§ 228 III; *Palandt-Gramm*, Einf. v. § 823 Anm. 2; *Larenz*, Schuldrecht II, § 69,
S. 416; BGHZ E 9, S. 302; zu den Konkurrenzen im Strafrecht vgl. *Geerds*,
Konkurrenz im Strafrecht.

[18] So *Engisch*, a.a.O., S. 29.

[19] *Fritz v. Hippel*, Zur Gesetzmäßigkeit juristischer Systembildung.

[20] *Fritz v. Hippel*, a.a.O., S. 4 ff.

Verwaltungsakts gestattet den Behörden, in private Rechtsbeziehungen einzugreifen. Hingewiesen sei auf die Genehmigungspflicht von Bodenverkehrsgeschäften nach § 19 Abs. 1, 2 BBauG und auf das gemeindliche Vorkaufsrecht nach § 24 BBauG[21]. Andererseits dringen mit der zunehmenden Anerkennung des öffentlich-rechtlichen Vertrages im Subordinationsverhältnis[22] zivilrechtliche Elemente in ein Rechtsgebiet ein, das traditionell von einseitigen Anordnungen beherrscht wurde. Ferner denke man an den Eigentumsbegriff, den das Verwaltungs- und Verfassungsrecht in seiner von der Zivilrechtsdogmatik herausgearbeiteten Form übernommen hat[23].

e) Gegenseitige Ergänzung von privatem und öffentlichem Recht und deren Abgrenzung

Hier taucht die Frage nach der Einheit von privatem und öffentlichem Recht auf. Die umfangreichen Arbeiten zu verschiedenen Grenzziehungstheorien unterstreichen die Problematik der Frage[24]. Während früher die Frage mit ziemlicher Sicherheit eindeutig beantwortbar war, ist in der Gegenwart, durch die Verflechtung und Überlagerung der staatlichen mit der gesellschaftlichen Sphäre ein fortschreitender Abbau der Staatlichkeit, verbunden mit einem Anwachsen der öffentlichen Aufgaben, zu beobachten. Es sei nur auf die öffentliche Aufgabe der Presse, die Figur des beliehenen Unternehmers und die privaten Fürsorgeverbände hingewiesen. Die gewandelte Staatsfunktion hat Strömungen ausgelöst, die eine klare Trennung von öffentlichem und privatem Recht immer mehr erschweren.

Die von der Subjektions-[25] und Interessentheorie[26] entwickelten Abgrenzungskriterien können nicht mehr die Fülle der neu auftauchenden Fragen erfassen, da sie vom herkömmlichen Instrumentarium des Verwaltungshandelns, wie Verwaltungsakt, Verordnung und Satzung, ausgehen. Auch die von H. Wolff entwickelte Zuordnungstheorie, die die Grenzziehung von den Subjekten der Rechtsnormen her bestim-

---

[21] So OVG Münster, DVBl. 1968, S. 525 ff. zum gemeindlichen Vorkaufsrecht nach § 24 BBauG.

[22] Hierzu *Stern*, Verw. Archiv 1958, S. 106; *Apelt*, AöR 1959, S. 249; Übersicht bei *Eyermann-Fröhler*, Rdnr. 9 ff. zu § 40 VwGO; zur Abgrenzung gegenüber privatrechtlichen Verträgen BGH, in: DVBl. 1960, S. 561, hierzu *Menger*, Verw. Archiv 1961, S. 99.

[23] *H. Wolff*, Verwaltungsrecht I, S. 360.

[24] *Walz* hat in seiner Untersuchung über das „Wesen des öffentlichen Rechts" nicht weniger als zwölf Grenzbestimmungstheorien vorgeführt.

[25] BVerwG, DVBl. 1967, S. 40, 43; BGHZ, DVBl. 1967, S. 36; *Menger*, Verw. Archiv, S. 171.

[26] *H. Wolff*, Verwaltungsrecht I, § 22, S. 83.

men will[27], hat sich als zu eng erwiesen. Sie muß den Normen den öffentlich-rechtlichen Charakter abstreiten, die private Rechtsträger zur Erfüllung öffentlicher Aufgaben heranziehen, ohne sie zugleich zu beliehenen Unternehmern zu machen[28], wie etwa die Pressegesetze und Vorschriften über das Privatschulwesen. Diese Theorie kann auch den Subventionsanspruch privater Unternehmungen[29] und die Möglichkeit öffentlich-rechtlicher Verträge zwischen Personen des Privatrechts nicht erfassen.

Zusätzlich wird die Entscheidung über die Rechtsnatur bei Mischformen klassischer Akte des Verwaltungsrechts und moderner Gestaltungstypen erschwert. So kann sich an einen gewährenden Verwaltungsakt ein Darlehensvertrag anschließen. Die hierfür entwickelte Zweistufentheorie[30] ist eine typische Erscheinungsform des modernen Verwaltungsrechts.

Institutionen des bürgerlichen Rechts, wie ungerechtfertigte Bereicherung, Auftrag, Geschäftsführung ohne Auftrag und der Abwehranspruch nach § 1004 BGB, haben sich auch im öffentlichen Recht durchgesetzt. Der organisationsrechtliche Teil des Arbeitsrechts, ursprünglich ganz auf dem Boden des Privatrechts, ist durch die Normsetzungsbefugnis der Tarifpartner[31] zum Bestandteil des öffentlichen Rechts geworden. Andererseits gilt bei unmittelbarer Anwendung der Grundrechte im Privatrecht[32] der Satz Ehmkes[33] von der Verkehrung der

---

[27] Definition nach *H. Wolff*, a.a.O., S. 384, „Öffentliches Recht ist der Inbegriff der Rechtssätze, deren Zuordnungsobjekt ausschließlich ein Subjekt öffentlicher Gewalt ist".

[28] Vgl. Kritik von *Menger*, Verw Archiv 1958, S. 171; hierzu die Entscheidung des OLG Bamberg, DVBl. 1967, S. 551 zu einem Vertrag zwischen Privatrechtsträgern, den *Menger* in Anschluß an BGHZ E 32, S. 214 als öffentlich-rechtlichen Vertrag beurteilt.

[29] Zur Rechtsgrundlage des Subventionsanspruchs vgl. BVerwGE 23, S. 347 und BVerwG, in: DVBl. 1968, S. 250. In der ersten Entscheidung hat das Gericht auf den Gleichheitsgrundsatz abgestellt, während es in der zweiten mehr Art. 7 IV GG in den Vordergrund stellte.

[30] Sie wurde neuerdings vom BVerwGE 20, S. 295 in Hinblick auf die Förderung der Eierwirtschaft bestätigt; zur früheren Rechtsprechung des BVerwG *Bachof*, Verfassungsrecht, Verwaltungsrecht, Verfahrensrecht II, S. 104 ff.; vgl. auch das Referat von *Ipsen* auf der Staatsrechtslehrertagung 1966 (Bericht von *Friauf*, in: DVBl. 1967, S. 145), der an der Zweistufentheorie festhält (Leitsätze 7, 12, 13, 16—18), während *Zacher* neue eigenständige Rechtstypen für das Subventionsrecht fordert (LS B I, II, VVStRL 25 [1967], S. 398).

[31] Vgl. §§ 1, 2, 4 TVG.

[32] Aus der inzwischen unübersehbar gewordenen Literatur sei genannt: *Dürig*, Festschrift für Nawiasky 1956, S. 107 ff.; *Nikisch*, Arbeitsrecht, S. 302 ff.; *Klein*, S. 61 ff.; *Esser*, JZ 1956, S. 555; *Forsthoff*, DÖV 1957, S. 97; derselbe, Umbildung des Verfassungsstaates, in: Rechtsstaat im Wandel, S. 160; *Wintrich*, Zur Problematik der Grundrechte, S. 12 f.; *Scholler*, Die Freiheit des Gewissens, S. 180 ff.; *Leisner*, Grundrechte und Privatrecht; für un-

gegen den Staat gerichteten Freiheitsrechte in Normen des ordre public, die die Autonomie des Privatrechts aufheben oder einschränken. Ferner führte der wachsende staatliche Wirtschaftsinterventionismus zu einer fortschreitenden Privatisierung der Rechtsformen staatlichen Handelns. Die von Ipsen entwickelte[34] und von der Rechtsprechung des Bundesverwaltungsgerichts übernommene Zweistufentheorie weicht auf die Rechtsfiguren des Privatrechts aus, da hierfür das Verwaltungsrecht kein angemessenes Instrumentarium zur Verfügung stellt. Wie weit sich das Schwergewicht des Verwaltungshandelns von dem am Eingriff orientierten Denken Otto Mayers[35] entfernt hat, beweist die überwiegend anerkannte Figur des öffentlich-rechtlichen Vertrages[36]. Hier ist nicht der Ort, sich näher mit verfassungsrechtlichen Bedenken und Problemen der Rechtsschutzgewährung[37] auseinanderzusetzen. Diese Hinweise sollen nur deutlich machen, wie sehr mit dem Ineinandergreifen und der Verzahnung von Staat und Gesellschaft auch die Grenzen von öffentlichem und privatem Recht verwischt worden sind.

Beide Rechtsordnungen sind in einem Prozeß der Annäherung und Anpassung begriffen.

f) Bedeutung der Einheit der Rechtsordnung für die allgemeine Dogmatik

Welche Bedeutung hat nun die, wenn auch unvollkommen realisierte, Einheit der Rechtsordnung für die Rechtsdogmatik? Bedenkt man, daß jeder Rechtssatz erst in der „Anwendung" zur Vollendung kommt, so muß zwischen der Einheit der Rechtsordnung und der rechtswissen-

---

mittelbare Geltung der Grundrechtsnormen außerhalb Art. 9 Abs. 3 GG das BAG in E 1, S. 185, 191 ff., für das Grundrecht der freien Meinungsäußerung vgl. ferner BAG, NJW 1957, S. 1688 (Zölibatsklauselurteil), in dem es die Art. 1 Abs. 1, 2 Abs. 1 und Art. 6 GG für unmittelbar im Zivilrecht anwendbar hält. Hiergegen BVerfGE 7, S. 198 ff., das sich ausdrücklich gegen die ihm vom BAG in NJW 1957, S. 1688 unterstellte unmittelbare Grundrechtsdrittwirkung in den Entscheidungen E 6, S. 55 und 6 S. 84 verwahrt. Das BVerfG und Dürig wollen das Privatrecht vor einer Verfremdung durch das Verfassungsrecht schützen. Deshalb sollen die Grundrechte durch eine „grundrechtskonforme Auslegung der Generalklauseln" in das Vertragsrecht und durch die „Sozialadäquanz" in das Deliktsrecht Eingang in das Privatrecht finden, die die unmittelbare Grundrechtsbindung mediatisieren sollen.

[33] *Ehmke*, Wirtschaft und Verfassung, S. 78 ff.

[34] *Ipsen*, Öffentliche Subventionierung Privater, S. 61 ff.; *Eyermann-Fröhler*, Rdnr. 46 zu § 40 VwGO; BVerwGE 1, S. 308; 14, 65, 68; BGH in DVBl. 1964, S. 115; OVG Münster in DVBl. 1959, S. 665, bestätigt durch BVerwGE 13, S. 52; ablehnend *Imboden*, Der verwaltungsrechtliche Vertrag, S. 162, *Maunz*, BayVBl. 1962, S. 1 ff.

[35] *Otto Mayer*, Deutsches Verwaltungsrecht I, S. 92 ff.

[36] Vgl. Anm. 22, ferner *Piper*, DVBl. 1967, S. 11 ff.

[37] Hierzu *Lerche*, Staatsbürger und Staatsgewalt II, S. 59 ff.

schaftlichen Dogmatik notwendig eine enge Beziehung bestehen. Auf
die gegenseitige Ergänzung von Rechtssätzen wurde bereits hingewiesen. Die von der Rechtsprechung vielberufene „Auslegung aus dem
Zusammenhang" ist eine Folgerung aus der Erkenntnis einheitlicher
Rechtsstrukturen. Auch die „Konstruktion"[38], versteht man sie nicht
nur in dem engen Sinn eines Argumentierens mit heuristischen Mo-
dellen und Hilfsstützen für juristische Probleme, steht im Dienst der
Herstellung und Aufdeckung von Sachbezügen innerhalb der Rechtsordnung und deren Teile. Esser hat die Konstruktion als „Einordnung
der Werterkenntnis in ein System und damit die Kontrolle jeder Entscheidung durch ihr Zurückführen auf die sie nach dem betreffenden
Gesamtsystem rational, d. h. nachprüfbar tragenden Kriterien" defi-
niert[39]. Damit wird eine Rechtseinheit vorausgesetzt und zugleich begründet.

g) Die Einheit der Rechtsordnung
als topos für die Verfassungskonkretisierung

Der Gedanke der Einheit der Rechtsordnung ist auch für die Verfassungsinterpretation fruchtbar gemacht worden. Hierauf führen das
Prinzip der Verfassung, als einer materialen Einheit und das sogenannte positive Kompetenzverständnis zurück[40]. Grundrechte und
Kompetenznormen stehen in einem inneren, wertmäßigen Verhältnis.
Das Bundesverfassungsgericht hat dieses Verfassungsverständnis für
mehrere Entscheidungen nutzbar gemacht. Im Fernsehstreit hat es
Art. 73 Nr. 7 GG auch aus Art. 5 Abs. 1 S. 2 GG interpretiert, der
verlangt, daß die Organisation von Rundfunkveranstaltungen alle ge-
sellschaftlich relevanten Kräfte im Gesamtprogramm zu Wort kommen lasse, damit „nach aufzustellenden Leitgrundsätzen ein Mindest-
maß von inhaltlicher Ausgewogenheit, sachlicher und gegenseitiger
Achtung gewährleistet" ist[41]. In einer anderen Entscheidung hat das
Bundesverfassungsgericht judiziert, mit der Kompetenzbestimmung des
Art. 73 Nr. 1 GG stelle die Verfassung zugleich klar, daß ein Bundes-

---

[38] Zum Begriff, der kaum einheitlich verwendet wird, bereits *Isay*, Rechtsnorm und Entscheidung, S. 347 Anm. 21; das neuere Methodenschrifttum
erwähnt ihn nur beiläufig; *Engisch*, Einführung in die Rechtswissenschaft,
klammert ihn ausdrücklich (Vorwort) aus; *Larenz*, Methodenlehre, behandelt
ihn nicht im systematischen Teil; ausführlich dagegen *Wieacker*, Die juristische Sekunde, in: Festschrift für E. Wolff, S. 421 ff.; *Esser*, Grundsatz und
Norm, S. 220, 236 ff., 335; häufige Verwendung des Begriffs in der Rechtsprechung, vgl. BGHZ E 34, 355, 360; 20, 88, 99.

[39] *Esser*, Wertung, Konstruktion und Argument, S. 15.

[40] Hierzu vor allem *Ehmke*, VVStRL 20, S. 53, 64; derselbe, Verfassungsänderung, S. 84.

[41] BVerfGE 12, 206 LS 10.

gesetz, das die allgemeine Wehrpflicht im Rahmen dieser Verfassungsnorm einführe, ihr insoweit auch materiell nicht widerspreche[42].

Über Einzelaspekte einer einheitlich-materialen Verfassungsbetrach-
tung hinaus verlangt die Einheit der Rechtsordnung, daß die Verfas-
sungsinterpretation die Entwicklung der allgemeinen, hier in erster
Linie der zivilrechtlichen Interpretationslehre im Blick behalten muß[43].
Der maßgebliche Einfluß der neueren Interpretationsdiskussion auf das
Verfassungsrecht[44] läßt die dort intendierte Einheit niemals als ein in
sich geschlossenes, fertig anwendbares System erscheinen[45]. Da das
Problemdenken den zu beurteilenden Lebenssachverhalt stets in ihre
Normstruktur miteinbezieht und seine spezifische Problemstruktur
analysiert, ist es zugleich der Motor für die Rechtsfortbildung. Nichts
anderes meinen die angesichts der weitausgreifenden Normbereiche
der Verfassungsrechtssätze geprägten Formeln von der „dynamischen
Weite" und „der politischen Natur des Verfassungsrechts", oder die aus
überkommenen einseitigem Normverständnis formulierte Korrelation
oder Synthese von „Verfassungsrecht und Verfassungswirklichkeit".
Diese strukturelle Offenheit des Verfassungsrechts haben bereits
R. Smend, E. Kaufmann und H. Heller nachgewiesen[46].

Eine weitere Forderung aus der Einheit der Rechtsordnung könnte
zumindest die Vermutung sein, daß im Wortlaut gleiche Begriffe in
verschiedenen Zusammenhängen in demselben Sinn zu verstehen seien.
Daß dies nicht ohne weiteres im Verhältnis von Verfassung zu einfachem Gesetzesrecht gefolgert werden darf, liegt angesichts der Kontrollfunktion der Grundrechte auf der Hand[47].

Damit würde auch die Anforderung an die Leistungskraft dieses
Grundsatzes überspannt werden, da er gerade nicht zu einer Nivellie-
rung spezifischer Sachzusammenhänge führen soll. Ein Beispiel bieten
hier die Bemühungen um einen einheitlichen Rechtswidrigkeitsbegriff[48].

---

[42] BVerfGE 12, 45 LS 1.

[43] *Ehmke*, VVStRL 20, S. 53, 99 und LS 1.

[44] Unter Führung der Zivilrechtler, vgl. *J. Esser*, Grundsatz und Norm in
der richterlichen Fortbildung des Privatrechts; *Th. Viehweg*, Topik und
Jurisprudenz; *F. Wieacker*, Gesetz und Richterkunst; *K. Larenz*, Methodenlehre der Rechtswissenschaft.

[45] Hierzu eingehend III. Kapitel.

[46] *H. Triepel*, Staatsrecht und Politik; *R. Smend*, Verfassung und Ver-
fassungsrecht, in: Staatsrechtliche Abhandlungen, S. 119 ff.; *E. Kaufmann*,
Die Grenzen der Verfassungsgerichtsbarkeit, VVStRL 9, S. 1 ff.; *H. Heller*,
Staatslehre.

[47] Vgl. *Herzog*, BayVBl. 1959, S. 276, 277.

[48] *A. Kaufmann*, Die Dogmatik der Unterlassungsdelikte; und zum zivilrechtlichen, durch Fahrlässigkeit verursachten Unrecht. *R. Wiethölter*, Der
Rechtfertigungsgrund des verkehrsrichtigen Verhaltens.

Hält man trotz der materiellen Unterschiede von Privatrechts-, Strafrechts- und Verwaltungsrechtswidrigkeit an einem einheitlichen Rechtswidrigkeitsbegriff fest, so muß der Preis dafür seine formale Natur sein[49]. Ein Vereinheitlichungstrend, der in einer rigorosen Gleichschaltung unterschiedlicher Rechtskomplexe bestünde, würde das Spezifische im Recht verkennen. Das Recht kann dort, wo es nach Bestimmtheit und Bindung, nach individueller Gerechtigkeit und Zweckmäßigkeit strebt, auf Spezifizierung nicht verzichten[50].

Als erstes Zwischenergebnis darf festgehalten werden: Die Vorstellung einer grundsätzlichen Trennung von Verfassungs- und Gesetzesrecht würde zu einer Aufspaltung der Rechtsordnung führen, und dem Grundsatz deren Einheit widersprechen. Eine genauere Determinierung läßt sich noch nicht erreichen, da die Einheit des Rechts gerade kein einheitliches Sinnverständnis gleicher Begriffe in einer differenzierten Rechtsordnung verlangen kann.

2. Auswirkung der Erfüllung „von unten nach oben" als einer allgemeinen Erscheinung auf die Beziehung von Verfassung zu Gesetz

So wenig die generelle Verdrängung von Prinzipien einfacher Gesetze aus der Verfassung zu überzeugen vermag, so sehr ist gegenüber der gegenteiligen These Zurückhaltung geboten, „Verfassung und Gesetz bedingten sich gegenseitig, die Verfassung werde erst durch das Gesetz aktualisiert und präzisiert"[51]. Die Ausführungen zum Auslegungsgrundsatz der Einheit der Verfassung haben ergeben, daß dieser Grundsatz die Einebnung eigengeprägter Sachstrukturen gerade nicht verlangt[52].

Bevor die Beziehung von Verfassung zu Gesetz unter methodischem Aspekt betrachtet wird, soll versucht werden, aus anderen, in einer formellen Rangfolge stehenden Normbeziehungen, Schlüsse auf das Verhältnis von Verfassung zu einfachem Gesetzesrecht zu ziehen.

Aus dem Vorbehalt des Gesetzes gegenüber der Verwaltung nach Art. 20 Abs. III GG, oder der Beziehung von ermächtigendem Gesetz zur ausführenden Verordnung eine Analogie herzuleiten, mag sofort der Einwand begegnen, daß damit doch das eben kritisierte Norm-

---

[49] So *Engisch*, Einheit der Rechtsordnung, S. 58.

[50] *Engisch*, Konkretisierung, S. 155.

[51] So aber *Häberle*, Wesensgehaltgarantie, S. 167, 210 ff.

[52] Vgl. *Lerche*, Übermaß, S. 157; derselbe, DÖV 1965, S. 213 ff.

stufendenken anerkannt wird, indem aus der formal höheren Norm auf die materielle Übereinstimmung mit der niederen geschlossen wird.

Hier soll jedoch der entgegengesetzte Weg eingeschlagen werden, indem inhaltliche Impulse und Reflexionen niederrangiger Normen auf die jeweils höhere aufgezeigt werden sollen. Darauf hat Leisner hingewiesen, als er die Erfüllung der Verfassung aus dem einfachen Gesetz als wichtigsten Fall einer allgemeinen Erfüllung „von unten nach oben" bezeichnete[53].

a) Die Rückwirkung der Rechtsverordnung (RVO) auf das ermächtigende Gesetz

Diese in Art. 80 Abs. 1 S. 2 GG geregelte Beziehung scheint für den hier verfolgten Zweck nicht besonders ergiebig zu sein, da nach herkömmlicher Auffassung der Inhalt der RVO in dem ermächtigenden Gesetz enthalten sein muß. Der Verordnungsgeber ist nur befugt, die durch den Gesetzgeber vorgezeichneten Linien zu präzisieren und konturieren.

Aber gerade die Rechtsprechung des Bundesverfassungsgerichts zu Art. 80 Abs. 1 S. 2 GG bietet ein anschauliches Beispiel fortschreitender Elastizität. Hat es in seinen ersten Entscheidungen noch streng darauf geachtet, ob sich die drei Kriterien „Inhalt, Zweck und Ausmaß" ausdrücklich, jedenfalls mit einwandfreier Deutlichkeit aus dem ermächtigenden Gesetz ergeben[54], so hat es in den folgenden die drei Begriffe immer weniger auseinandergehalten und sich schließlich darauf beschränkt, daß der Gesetzgeber das zu realisierende Programm anzugeben habe[55]. Dieses brauche nicht mehr ausdrücklich oder einwandfrei deutlich in der gesetzlichen Ermächtigung enthalten zu sein, es genüge vielmehr, wenn der „Sinnzusammenhang der Normen mit anderen Vorschriften und das Ziel, das die gesetzliche Regelung insgesamt verfolgt"[56], erkennbar seien. Damit hat das Gericht die anfängliche Reserviertheit gegenüber dem Verordnungsgeber aufgegeben. Die sich damit abzeichnende Verschiebung des Schwergewichts bei Rechtssetzungsakten auf die Organe der Exekutivgewalt läßt daran zweifeln, ob das Verfassungsgericht den Normzweck des Art. 80 Abs. 1 S. 2 GG im Auge behalten hat. Dieser verlangt, daß die eigentliche Entscheidung der Gesetzgeber in der Ermächtigung, nicht erst das ermächtigte Organ bei der Ausführung zu treffen hat[57]. So hat denn auch die Praxis die

---

[53] *Leisner*, Verfassungsmäßigkeit der Gesetze, S. 70.
[54] BVerfGE 2, S. 307, 334.
[55] BVerfGE 5, S. 71, 77; 8, 306 in Anschluß an die Formulierung bei *Wolff*, AöR 78, S. 197 ff.
[56] BVerfGE 8, S. 274, 307; kritisch hierzu *Winkelmann*, NJW 1959, S. 961 ff.
[57] So *Hamann*, K., S. 301 und *Wolff*, AöR 78, S. 198 ff.

spärliche verfassungsmäßige Ausgestaltung zwischen parlamentarischem Gesetzgeber und den in Art. 80 Abs. 1 S. 1 GG erschöpfend aufgezählten Adressaten um einige Variationen bereichert.

Wo der parlamentarische Gesetzgeber eine Ermächtigungsgrundlage neu formulierte, da ihm die bisherige nicht mit Art. 80 Abs. 1 S. 2 GG vereinbar schien, zeigt sich, daß nicht die RVO sich an der Ermächtigung orientiert, sondern umgekehrt das ermächtigende Gesetz auf die bereits erlassene RVO zugeschnitten ist[58]. In Abwandlung von Leisners „Gesetzmäßigkeit der Verfassung" läßt sich hier von einer „Verordnungsmäßigkeit der gesetzlichen Ermächtigung" sprechen. Noch effektvoller tritt die gesetzesdeterminierende Kraft der RVO zutage, wo der Gesetzgeber sie durch Verweisung in den Gesetzesrang erhebt. Das ist durch das dritte Gesetz zur Änderung des Milch- und Fettgesetzes geschehen (3. ÄG MFG)[59], das mit Rücksicht auf die von Oberverwaltungsgerichten wegen Überschreitung der Ermächtigungsgrundlage des § 20 Abs. 1 Nr. 1 u. 2 MFG[60] mehrfach für nichtig gehaltene Verordnung M Nr. 2/57 über Milchzahlungspreise[61] erlassen wurde. § 3 Abs. 2 S. 1 des 3. ÄG MFG bestimmt: „Die Verordnung M Nr. 2/57 ... gilt ... vom 1. 7. 1957.

Das OVG Münster vertritt die Ansicht, dadurch habe sich die Rechtsnatur der RVO nicht verändert. Dem kann nicht gefolgt werden. Der Wortlaut des Art. 3 Abs. 2 S. 3 und 4 S. 4 ÄG MFG, in dem die RVO M Nr. 2/57 weiterhin als solche bezeichnet ist, besagt, daß der Gesetzgeber bestimmt, wann die „RVO" außer Kraft tritt. Damit ist nicht nur die Lebensdauer der „RVO" befristet, sondern zugleich der Disposition des Verordnungsgebers entzogen. Dadurch wurde sie in den Gesetzesrang erhoben, wenn dies auch der Absicht des Gesetzgebers nicht entspricht, der die VO M Nr. 2/57 nicht im Bundesgesetzblatt verkünden hat lassen. In entsprechender Anwendung der in BVerfGE 8. 274 ausgesprochenen Grundsätze über Verkündungserfordernisse bei Verlängerungsgesetzen ist die Verkündung der zum Gesetz angehobenen Verordnung im Bundesanzeiger als ausreichend anzusehen. Eine Neuverkündung des Inhalts selbst ist nicht erforderlich[62].

---

[58] So im Fall des § 9 d. Gesetzes über die Aufgaben des Bundes auf dem Gebiet der Binnenwirtschaft v. 15. 2. 1956, BGBl. II, S. 1317, — BSchAufgG —, der anordnet, daß die EinführungsVO und die darauf ergangenen Durchführungsverordnungen „als auf Grund des § 3 Abs. 1 und 3 erlassen gelten". Kraft dieser Fiktion sollen die vor Inkrafttreten des Gesetzes erlassenen Rechtsverordnungen von dessen Geltung an, als auf ihm beruhend angesehen werden.

[59] Vom 27. 7. 1961, BGBl. I, S. 1104.

[60] Statt vieler OVG Münster v. 27. 10. 1965 — IV A 860/64, zitiert bei *Hildegard Krüger*, DVBl. 1967, S. 929, 930 Anm. 19.

[61] Vom 24. 7. 1957 in Bundesanzeiger Nr. 142 vom 27. 7. 1957.

[62] So *Hildegard Krüger*, DVBl. 1967, S. 929, 932; bestätigt durch BVerfG, DÖV 1968, S. 173 ff.

Weitgefaßte Ermächtigungen läßt das Bundesverfassungsgericht in wirtschaftslenkenden Gesetzen mit Rücksicht auf die ständig fluktuierenden Verhältnisse genügen[63]. Bei der Prüfung einer Marktordnung der Milchwirtschaft[64] hat es das Fehlen einer ziffernmäßigen Festlegung der den Landesregierungen eingeräumten Befugnis zur Erhebung einer Ausgleichsabgabe in der gesetzlichen Ermächtigung dann für verfassungsgemäß gehalten, wenn der Gesetzgeber nicht voraussehen könne, in welchem Umfang der Verordnungsgeber von der ihm erteilten Ermächtigung Gebrauch machen würde, wo und in welcher Höhe sich ein überregionaler Ausgleich als notwendig erweisen werde.

Das Gericht läßt zwar ausdrücklich offen, ob § 12 MFG überhaupt an Art. 80 Abs. 1 S. 2 GG gemessen werden kann, bejaht die Frage jedoch implicite durch die vorangehende Prüfung. Inhalt und Ausmaß der Begünstigung müßten aus dem vernünftig ausgelegten Zweck der ganzen Regelung bestimmt werden.

Hier kann von einer dem Gesetzgeber vorbehaltenen Entscheidung, die den Verordnungsadressaten bindet, nicht mehr die Rede sein. Diese fällt bei den Landesbehörden, die von der Ermächtigung entsprechend der jeweiligen Situation auf dem Milchmarkt Gebrauch machen werden.

In einer weiteren Entscheidung zur Verfassungsmäßigkeit eines Gesetzes, das die Bundesregierung ermächtigt, durch RVO Erläuterungen zur Auslegung und zur Anwendung des Zolltarifs zu geben[65], hat das Bundesverfassungsgericht berücksichtigt, daß die Vielfalt der Zollwaren, die technische Entwicklung und internationale Verpflichtungen eine besondere Elastizität bei der Gestaltung von Verordnungsermächtigungen erfordern[66]. Auch hier läßt das Gericht „Sinn und Zweck des Zolltarifs wie die auf diesem Gebiet abgeschlossenen internationalen Verträge und Abkommen als hinreichende Begrenzung der Tendenz des zu verwirklichenden Programms genügen. Hinter diesen Formulierungen steht das Bemühen, der Exekutive ein schnelles Reagieren auf wirtschaftliche Veränderungen zu ermöglichen. In diesen Fällen mag man von einer eng begrenzten Erweiterung des dem Verordnungsgeber eingeräumten Spielraums sprechen, falls man überhaupt an dem Maßstab des Art. 80 Abs. 1 S. 2 GG festhält[67]. Dies ändert jedoch nichts daran, daß Inhalt, Zweck und Ausmaß mehr von den Exekutivorganen

---

[63] BVerfGE 14, S. 104, 114.

[64] BVerfGE 18, S. 315, 330 f.

[65] BVerfGE 19, S. 17 ff.

[66] BVerfGE 19, S. 17, 30 f.

[67] Es bietet sich eine Parallele zu der Meinung in Rechtsprechung und Literatur an, die im Bereich der „leistungsgewährenden Verwaltung" den Vorrang des Gesetzes in Art. 20 Ab. 3 GG für nur beschränkt anwendbar hält.

als vom Gesetzgeber bestimmt werden. Das Verfassungsgericht hat in seiner Entscheidung zu der in § 2 Abs. 1 PreisG enthaltenen Ermächtigung nicht dargetan, daß die Preispolitik seit 1948 tatsächlich vom Preisgesetz dirigiert worden ist. Daß ihm die Ermächtigungsgrundlage selbst zu dürftig für ein verbindliches Maßgeben erschien, folgt aus der Argumentation, die die preisrechtliche Ermächtigung in eine preispolizeirechtliche uminterpretierte[68]. Wahrung der Verhältnismäßigkeit und Übermaßverbot fixierten aber nur abwehrende Grenzen und können ein inhaltliches Programm nicht ersetzen.

Hier kommt es jedoch nicht darauf an, Bedenken gegen die Rechtsprechung des Bundesverfassungsgerichts zu Art. 80 Abs. 1 S. 2 GG vorzutragen, sondern die Tatsache zu unterstreichen, daß die Übertragung der Rechtsetzung auf die Exekutive ein nie zuvor dagewesenes Maß erreicht hat[69]. Jede größere Kodifikation enthält mehrere Ermächtigungen zum Erlaß von RVOen. Von einer ausnahmsweisen rechtssetzenden Tätigkeit der Verwaltung kann somit keine Rede mehr sein.

Der Verordnungsgeber übt eine zweifache Funktion aus: Er aktualisiert die von ihm näher ausgeführten Gesetze und wird zugleich zum Schrittmacher für die künftige Gesetzgebung. Da nach dem Bundesverfassungsgericht zumindest bei wirtschaftslenkenden Gesetzen weitgefaßte Ermächtigungen den Kriterien des Art. 80 Abs. 1 S. 2 GG genügen sollen, ist der Verordnungsgeber gezwungen, durch Auslegung des Gesetzes den Rahmen seiner Regelungsbefugnis zu ermitteln. Seine Rechtssetzungsakte interpretieren und individualisieren das Gesetz. Der Inhalt der Verordnung reflektiert auf das Gesetz zurück. Der Interpretation unbestimmter Rechtsbegriffe und Generalklauseln durch den Verordnungsgeber kommt maßgebliche Bedeutung für die Gesetzesauslegung selbst zu.

Da die Verordnung gegenüber dem schwerfälligen Gesetzgebungsverfahren das weitaus flexiblere Instrument ist, den Normenbestand einer veränderten Tatsachenlage anzupassen, wird der Gesetzgeber bei einer Neuregelung an den vorhandenen Verordnungsbestand anknüpfen. Diese Überlegungen werden durch das Urteil des Bundesverfassungsgerichts[70] bestätigt, in dem es die u. a. Frage zu entscheiden hatte, ob der Gesetzgeber RVOen erlassen darf. Das Gericht verneint sie zutreffend, betont aber zugleich, dem Gesetzgeber sei nicht verwehrt, eine RVO in den Gesetzesrang zu erheben, indem es die dem

---

[68] BVerfGE 8, S. 274, 310.

[69] Vgl. *Klein*, Die Übertragung des Verordnungsrechts nach deutschem Verfassungsrecht, in: Recht, Staat, Wirtschaft, Bd. 4, S. 171 ff., weist mit Recht darauf hin, daß eine weitgehende Übertragung der Rechtsetzung auf die Exekutive unvermeidbar ist.

[70] BVerfGE, DÖV 1968, S. 173 ff.

Verordnungsgeber überlassene Regelungsbefugnis durch Bezugnahme auf ihren Inhalt wieder an sich zieht.

Verordnungsrecht stand auch nicht stets unter der Kontrolle des förmlichen Gesetzes. Seine Ranggleichheit ist auch nicht von bloß rechtshistorischem Interesse. Zwar sind nach Art. 129 Abs. III GG vorkonstitutionelle Ermächtigungen zum Erlaß gesetzesvertretender Verordnungen erloschen. Davon bleibt aber die Gültigkeit von Verordnungen mit gesetzesgleichem Rang unberührt, die während der Weimarer Zeit durch Ermächtigungsgesetz mit verfassungsändernder Mehrheit von der damaligen Reichsregierung erlassen worden sind. Enthalten diese Verordnungen Strafvorschriften, so verstößt deren Anwendung genausowenig gegen die Art. 103 Abs. II, 104 Abs. I GG, wie die vom Reichstag der Weimarer Zeit selbst beschlossenen Gesetze[71].

b) Globalverweisungen in Gesetzen auf Verordnungen nachgewiesen anhand des Art. 47 Abs. 1 BayBesoldG

Ein weiteres Beispiel für die Funktion der Verordnung als Schrittmacher künftiger Gesetzgebung ist Art. 47 Abs. 1 BayBesoldG. Er verweist für die Gewährung von Beihilfen an Beamte auf die jeweils geltenden Beihilfegrundsätze des Bundes. Deren Rechtsnatur ist umstritten. Sie werden teils als Verordnung, teils als Verwaltungsvorschriften angesehen[72]. Die Pauschalverweisung in einem Gesetz auf den Inhalt der jeweils geltenden Verordnung kann nicht als bloßer rechtstechnischer Behelf des Gesetzgebers abgetan werden[73]. Vielmehr konnte der bayerische Gesetzgeber bei der Regelung des Beamtenbeihilferechts den von der Bundesverordnung geschaffenen Zustand nicht unberücksichtigt lassen. Er war durch die rechtspolitisch wünschenswerte einheitliche Regelung des Beihilfenrechts für Bundes- wie Landesbeamte faktisch an den durch die Bundesverordnung erzeugten Rechtszustand gebunden.

Die angeführten Fälle lassen sich aber immer noch als ausnahmsweise Erfüllung „von unten nach oben" begreifen.

c) Der effektive Entscheidungszuwachs der Exekutive als Folge der Durchdringung staatlicher und gesellschaftlicher Sphäre

Die Gründe für ein generelles faktisches Übergewicht der Verwaltungsorgane gegenüber dem Gesetzgeber liegen in dem gewandelten Staatsbild zum sozialen Rechtsstaat und der damit verbundenen ge-

---

[71] Vgl. BVerfGE 22, S. 1 ff., 13, zur Gültigkeit und zum Rang des § 25 AZO.

[72] Unentschieden *Uttlinger*, Anm. I zu Art. 47 BayBesoldG.

[73] Kritisch hierzu *Ossenbühl*, DVBl. 1967, S. 401 ff., der gegen die „dynamische" Verweisungstechnik eines Landesgesetzgebers auf einen Bundesverordnungsgeber verfassungsrechtliche Bedenken geltend macht.

änderten Gesetzgebungstechnik. In dem Maße, wie sich der Staat für die Bedürfnisse der Gesellschaft verantwortlich fühlt, mußte die Distanz zwischen Normgeber und Adressat schwinden[74]. Der „Wiedereintritt des Staates in die Gesellschaft"[75], im Anschluß an die Überwindung liberalistischen Staatsdenkens, führte zu einem Näherrücken zwischen Staatsgewalt und Individuum[76]. Damit verdichtete sich das Netz der Berührungspunkte und Reibungsflächen und schaffte neues Material.

Die Staatsentwicklung würde aber mit einer ausschließlichen Betrachtung der gewandelten Beziehung von Staatsgewalt zu Individuum nur unzureichend erfaßt werden. Sie wird in zunehmendem Maße von einer zweiten Relation, der von Staat und privaten Verbänden überlagert, die sich zwischen Staat und einzelnem geschoben haben. Mit der staatlichen Intervention in den Wirtschaftsbereich[77] sind die Schranken der bloß polizeilich-überwachenden Funktion des Staates gefallen. Damit verbunden ist ein beispielloser Aufstieg der sozialen Gruppen. Verbände sind nicht bloß Gegenspieler des Staates, die ihre Partikularinteressen durch Einfluß auf die Gesetzgebungsorgane geltend machen, sondern, ausgestattet mit öffentlichen Aufgaben und Befugnissen, zu Mitträger der öffentlichen Verwaltung geworden. Sinnfälliger Ausdruck hierfür ist die Delegation des Normsetzungsrechts an die Sozialpartner des Arbeitsrechts nach § 1 TVG und die Rechtsfigur des beliehenen Unternehmers[78]. Rittsteg[79] hält die Einschaltung der Verbände in die Willensbildung der staatlichen Stellen für ein legitimitätssteigerndes Element der mittelbaren Demokratie.

---

[74] Der historische Beginn in Deutschland dürfte in der Sozialgesetzgebung Bismarcks liegen.

[75] Die antinomische Entgegensetzung von Staat und Gesellschaft ist zwar historisch erklärbar, inzwischen aber eine überholte und auch prinzipiell verfehlte Unterscheidung; so *Ehmke*, Staat und Gesellschaft als verfassungstheoretisches Problem, in: Festschrift für R. Smend, S. 23 ff.; derselbe, in: Wirtschaft und Verfassung, S. 5 ff.; ferner *Forsthoff*, Staatsbürger und Staatsgewalt II, S. 19; *Hesse*, VVStRL 17, S. 116; *Rupp*, AöR 92, S. 225; *Leibholz*, Staat und Verbände, in: VVStRL 24, S. 5 ff., 12, „Staat und Gesellschaft ... beziehen sich heute auf denselben Personenverband. Der Staat, als Inbegriff der Macht, als Obrigkeit, kann heute nicht mehr wie im 19. Jahrhundert den freien, ungebundenen Kräften, die in der Gesellschaft wirksam sind, gegenübergestellt werden. Wir haben einen doppelten, nämlich staatlichen wie gesellschaftlichen Status".

[76] So *Lerche*, Übermaß, S. 54.

[77] Hierzu *Scheuner*, VVStRL 11, S. 1—74, Die staatliche Intervention im Bereich der Wirtschaft; *H. Huber*, Das Staatsrecht des Interventionismus, Ztschr für schweizer. Recht, n. F. 70, 1951, S. 174—199; *Nipperdey*, Grundprinzipien des Wirtschaftsverfassungsrechts, DRZ 1950, S. 193 ff.; *Ballerstedt*, Rechtsstaat und Wirtschaftslenkung, AöR 74, S. 130 ff.; *Ipsen*, Öffentliche Subventionierung Privater, in: DVBl. 1956, S. 461 ff., 498 ff., 602 ff.

[78] Weitere Beispiele sind die Besetzung der Rundfunkräte durch Vertreter der in den Landtagen vertretenen politischen Parteien, der Religionsgemeinschaften, der Vertreter von Gewerkschaften der Industrie- und Handels-

Diese gesellschaftliche Entwicklung hat eine gewandelte Gesetzgebung zur Folge. Die moderne Gesetzgebung ist eine Kette pragmatischer Interventionen und koordinierter Eingriff mit begrenzten Zielsetzungen[80]. Sie paßt sich den individuellen Gruppeninteressen an, wird spezieller, verliert den Abstand zum Adressaten und büßt damit an Normativität ein[81]. Der Unmöglichkeit, alle künftigen Konfliktsfälle voraussehend, durch formelles Gesetz zu regeln, begegnet der parlamentarische Gesetzgeber mit einem steigenden Gebrauch unbestimmter Rechtsbegriffe und Ermessensnormen[82]. Die Kehrseite ist ein Zuwachs der richterlichen und besonders der exekutivischen Macht. Gewiß wird durch die Potenzierung der Ermessensnormen nicht deren Qualität verändert. Aber die Formel vom pflichtgemäßen Ermessen kann nicht darüber hinwegtäuschen, daß Ermessensausübung, wie jede Rechtsindividualisierung, nicht gänzlich objektivierbar ist. Ein „Restraum subjektiven Fürrichtighaltens"[83] läßt sich nicht beseitigen. Soweit das Entschließungsermessen in Frage steht, d. h. das Setzen oder Nicht-Setzen einer Rechtsfolge, ist es stets volitiv, nicht kognitiv[84].

Der reale Entscheidungszuwachs der Exekutive wird noch gesteigert, wenn man der wohl noch herrschenden Meinung folgt, die im Bereich der sogenannten leistungsgewährenden Verwaltung weitgefaßte gesetzliche Ermessensblankette für ausreichend hält[85] bzw.

---

kammern und anderer Gruppen; vgl. Art. 6 Abs. 2 des „Gesetzes über die Errichtung und Aufgaben einer Anstalt des öffentlichen Rechts" „Der bayerische Rundfunk" vom 10. 8. 1948 i. d. Fassung vom 22. 12. 1959, BayGVBl., B. 311; ferner § 10 Abs. 2 des Bundesbahngesetzes vom 13. 12. 1951, der bestimmt, daß zehn von zwanzig Mitgliedern des Verwaltungsrates von Vertretern der Gewerkschaften und der Gesamtwirtschaft gestellt werden.

[79] *Rittsteg*, JZ 1968, S. 411 ff.

[80] So *Krawietz*, Das positive Recht, S. 66.

[81] Zum Problem der Öffentlichkeit des Rechts *R. Smend*, in: Gedächtnisschrift für W. Jellinek, S. 11 ff.; *H. Huber*, Niedergang des Rechts und Krise des Rechtsstaats, in: Festgabe für Giacometti, S. 74 ff.; ferner *Schaumann*, Verfassungsrecht und Verfassungswirklichkeit in der staatlichen Willensbildung, Zeitschr. für schweizer. Recht n. F. 74, S. 269 ff., 284.

[82] *Jesch*, Strukturanalyse von unbestimmten Rechtsbegriff und Ermessen, in: AöR 82, S. 163 ff.; *H. Wolff*, Verwaltungsrecht I, S. 144; *Bachof*, JZ 1955, S. 97 ff.; *H. Peters*, Verwaltung ohne gesetzliche Ermächtigung?, in: Festschrift für H. Huber, S. 206 ff.; *Chr.-Fr. Menger*, System des verwaltungsrechtlichen Rechtsschutzes, S. 32 ff.; *Stern*, Ermessen und unzulässige Ermessensausübung; *Rupp*, Grundfragen, S. 200.

[83] *R. Klein*, AöR 82, S. 84; *Lerche*, Staatslexikon III, S. 13 „Wählendürfen nach eigenem Abwägen".

[84] So die vordringliche Meinung, *H. Wolff*, Verwaltungsrecht I, S. 146; *Reuß*, DVBl. 1953, S. 585; *Bachof*, JZ 1955, S. 697 f.

[85] Hierzu kann in diesem Rahmen nicht Stellung genommen werden; für weitgehende gesetzliche Ermächtigungen: *Jesch*, Gesetz und Verwaltung, S. 217; *Bachof*, Verfassungsrecht, Verwaltungsrecht und Verfahrensrecht, S. 225; *Maunz-Dürig*, Rdnr. 129—137 zu Art. 20 Abs. 3 GG; *Hesse*, Der Rechtsstaat im Verfassungssystem des Grundgesetzes, in: Festgabe für R. Smend,

gänzlich darauf verzichten will[86]. Ein Blick in die Haushaltspläne des Bundes der letzten Jahre zeigt, daß sich das Schwergewicht der Verwaltungstätigkeit eindeutig auf die Leistungsverwaltung verlagert hat. Der Anteil des Subventionsaufwands am Bundeshaushalt von 1962 bis 1965 ist von 20,69 Mrd auf 28,77 Mrd, also um 43 % gestiegen[87]. Seit 1959 hat er sich mehr als verdoppelt. Heute macht er rund ein Drittel des Gesamtsteueraufkommens aus.

Angesichts dieser Zahlen kann die allgemein volkswirtschaftliche, wie speziell staatsrechtliche Bedeutung der Exekutivorgane schwerlich überschätzt werden. Vielmehr ist bei diesem Umfang des Verwaltungshandelns teilweise ohne parlamentarische Rechtssatzbindung und damit „verdünntem" Rechtsschutz[88] die Frage berechtigt, ob nicht

---

S. 71 ff., 75; *Bullinger*, Vertrag und Verwaltungsakt, S. 93 ff.; BVerwG, in: NJW 1959, S. 1843; *Ipsen*, VVStRL 25, S. 255—289, der den gesetzlichen Normierungsversuchen die „konkrete öffentliche Zweckhaftigkeit und Verhaltenserwartung des Subventionierens" entgegenhält (S. 289); gesetzliche Normierungen seien nur dort angängig, wo dies die Materie gestatte (S. 290). Im übrigen sollte man neu „durchdachte verfassungsrechtliche Bewertung des Haushaltsgesetzes (S. 291), und damit die Rechtfertigung des Etattitels als ausreichend erachten; ähnlich auch *Leisner*, Öffentlichkeitsarbeit der Regierung, S. 98; kritisch vor allem *Rupp*, Grundfragen, S. 115 ff., 118; Bedenken auch bei *Stern*, Ermessen und unzulässige Ermessensausübung, S. 24 wegen der Interdependenz von gewährender und eingreifender Verwaltung.

[86] Gänzlich auf den Gesetzesvorbehalt will *Forsthoff*, Verwaltungsrecht, S. 113, 118, 122 verzichten.

[87] Diese Summe setzt sich lt. Finanzbericht 1966 aus folgenden Einzelposten zusammen. Der Bericht, S. 178 ff., unterscheidet zwischen sichtbaren und unsichtbaren Begünstigungen. Letztere setzen sich aus Einnahmeverzichten bei der Steuererhebung und aus Zinsverzichten bei Darlehensgewährung zusammen.

Subventionierter Bereich	Höhe der Begünstigung in Mill DM		
	sichtbar	unsichtbar	insgesamt
Ernährung, Landwirtschaft und Forsten	3 955,7	1 050	5 005,7
Gewerbliche Wirtschaft (ohne Verkehr)	565,3	5 193	5 738,3
Verkehr	488,6	752	1 240,6
Freie Berufe	—	191	191,-
Wohnungswesen	529,7	3 107	3 636,7
Zuschüsse zu den ges. Pflichtversicherungen	7 691,3	—	7 691,3
Sonstige Begünstigungen	1 245,7	4 002	5 247,7
	14 476,3 +	14 295 =	28 771,3

Vergleichsweise hierzu die Zahlen im Entwurf des ordentlichen Haushaltsplanes für 1968. Nach dem Finanzbericht von 1968, S. 315 ff. ist eine Subventionshöhe von 29 385,5 Milliarden DM eingeplant.

dadurch Gleichgewicht und Ausbalancierung der staatlichen Gewaltenverschränkung gestört werden.

Dieser kurze Exkurs in das Subventionsrecht sollte deutlich machen,
daß sich Verwaltungshandeln nicht ausschließlich im Gesetzesvollzug
erschöpft. Aber auch die gesetzesgebundene Verwaltung einschließlich
ihres Verordnungsrechts ist nicht bloß rechtskonkretisierende, sondern
auch rechtsfortbildende Tätigkeit. Die parlamentarische Gesetzgebung
dirigiert nicht einseitig die Verwaltungstätigkeit. Zwischen beiden Bereichen besteht eine beschränkte Wechselwirkung. Nicht gefolgt werden kann den Thesen Vogels[89], den Vorbehalt des Gesetzes nur noch
als Anwendungsfall der Bindung der Verwaltung an Gesetz und Verfassung anzusehen und der Verwaltung eine eigene ursprüngliche
Regelungsbefugnis zuzubilligen. Gewiß ist das formelle Gesetz seit Anerkennung ihrer unmittelbaren enteignenden Wirkung nicht mehr der
Garant des Schutzes der Individualsphäre und damit ein ausschließ-
liches Instrument des Rechtsstaates. Institutionen sind jedoch sinn-
variabel. Deshalb wird man Bachof[90] zustimmen müssen, wenn er unter
der Herrschaft unserer parlamentarischen Staatsform die politisch-
demokratische Funktion des formellen Gesetzes hervorhebt, und im
Gesetzesvorbehalt eine Garantie für die politische Führungsaufgabe
des Parlaments sieht.

d) Folgerungen für die Funktion des Gesetz-
gebers im Verfassungs-, speziell im Grundrechtsbereich

Lassen sich nun diese Ergebnisse auch auf die nächst höhere Rang-
beziehung der Verfassung zu dem formellen Gesetz übertragen? Die
Normstufe ist völlig formal und besagt nichts über das qualitative
Verhältnis der in einer Rangfolge stehenden Normen, so daß ein Ana-
logieschluß insoweit unbedenklich ist. Bedenken scheinen im Grundrechtsbereich im Hinblick auf dessen Kontrollfunktion zu bestehen[91].
Es wäre in der Tat eine petitio principii, wollte man die Kontrollnorm
mit dem Gehalt des Kontrollgegenstandes erfüllen, um dann mit schein-

---

[88] Der Rückgriff des Bundesverwaltungsgerichts (E. 23, S. 347) auf den
Gleichheitsgrundsatz des Art. 3 Abs. 1 GG zur Begründung eines Subventionsanspruchs ist deshalb bedenklich, weil aus dem Gleichheitssatz keine
Maßstäbe entnehmbar sind, ob und wie die Verwaltung einzelnen Bürgern
zur Gewährung verpflichtet ist. Art. 3 Abs. 1 GG braucht außerhalb seiner
selbst liegende Anknüpfungspunkte, besagt aber nichts über den Gegenstand
der Abwägung selbst. Neuerdings leitet es den Anspruch aus der Institutsgarantie her, vgl. BVerwG, in: DVBl. 1968, S. 250.
[89] *Vogel*, VVStRL 24, S. 125 ff., 181 LS 4,5.
[90] *Bachof*, in: VVStRL 24, S. 224 f.
[91] *Herzog*, BayVBl. 1959, S. 276, 277; *Michel*, JuS 1969, S. 274 ff.; *Maunz-
Dürig*, Rdnr. 67 ff. zu Art. 20 GG; *Burmeister*, Die Verfassungsorientierung
der Gesetzesauslegung, S. 35 ff.

barer Logik dessen Vereinbarkeit zu bestätigen. Weitere Bedenken müssen sich aus der bisher noch überwiegenden Sicht des Gesetzesvorbehalts bei den Grundrechten ergeben[92]. Demnach greift das Gesetz von außen in den geschützten Grundrechtsbereich hinein und beschränkt dessen Geltung bis zur Wesensgehaltgrenze[93]. Um einer möglichst weitgehenden Grundrechtseffektivität willen ist ein Eingriff nur ausnahmsweise und nur zum Schutz gleich- oder höherrangiger Rechtsgüter zulässig. Dieser Auffassung, zu der sich auch Leisner bekennt[94], muß ein Versuch, Verfassungs- und Gesetzesinhalt gegenseitig anzunähern, als Relativierung und Aushöhlung der Verfassung erscheinen.

Diese Argumente überzeugen jedoch nicht. Häberle hat nachgewiesen[95], daß die ausschließliche Entgegensetzung von Grundrechten und Vorbehaltsgesetzgebung unhaltbar ist. Freiheit kann sich nur im Recht, nicht außerhalb des Rechts verwirklichen. Nimmt man ferner den Gesetzescharakter der Verfassung ernst[96], dann teilt es auch dessen topische Grundstruktur; d. h. was konkret und individuell gilt, ist in

---

[92] *Fr. Klein*, Institutionelle Garantien und Rechtsinstitutsgarantien, S. 131; *Maunz-Dürig*, Rdnr. 87 zu Art. 2 Abs. 1 GG, fordert für den sozial gestaltenden Staat für jede „Grundrechtsbeeinträchtigung" spezielle Einschränkungsvorbehalte; *Fechner*, Soziologische Grenzen der Grundrechte, S. 1 ff.; *Maunz*, Deutsches Staatsrecht, S. 93 ff., nur in den Fällen des ausdrücklichen Gesetzesvorbehalts gehe die einfache Gesetzgebung den Grundrechten vor.

[93] *Dürig*, AöR 79, S. 57, 59; *Scheuner*, DÖV 1956, S. 65, 69 mit Ausnahme der Grenzen, die sich aus der Grundrechtsgeschichte ergeben; *Scholtissek*, NJW 1952, S. 561, 562; *Maunz*, Deutsches Staatsrecht, S. 93 f.; *Klein*, Vorbem. BXV. S. 3a—b, 131; *Hamann*, Anm. 32 zu Art. 19 GG; differenzierter *Bachof*, Freiheit des Berufs, Grundrechte III, S. 155, 208, der neben dem Eingriffsvorbehalt des Gesetzes verdeutlichende Konkretisierungen (Beisp. Art. 4 Abs. 3 S. 2 und Jugendschutzbestimmungen zu Art. 5 Abs. 2 GG) und inhaltliche Ausgestaltungsvorbehalte (Art. 14 Abs. 1 S. 2 GG) anerkennt. Ausnahmen finden sich vor allem in der Literatur zum Eigentumsrecht, wo sich „deutschrechtliches" Denken durchgesetzt hat; vgl. *Gierke*, Sachenrecht, S. 360 ff., der die Ansicht grundsätzlicher Unbeschränktheit und Absolutheit der Eigentumsgarantie bekämpft; *M. Wolff*, Reichsverfassung und Eigentum, in: Festschrift für Kahl, S. 7 ff., sieht in dem Ausdruck „Schranken" in Art. 153/I S. 1 WRV eine Remeniszenz an eine überwundene individualistische Freiheitsauffassung; Der BGH (DÖV 1957, S. 669) spricht von einer gesetzgeberischen Ausgestaltung der Sozialgebundenheit des Grundeigentums; ferner halten inhaltsbestimmende Gesetze beim Eigentum für zulässig: *Ipsen*, VVStRL 10, S. 85; *H. Krüger*, DÖV 1955, S. 601 Anm. 34; *Forsthoff*, Verwaltungsrecht, S. 299, 8. Aufl.; BVerwGE 2, S. 172 ff., 174; *Köttgen*, Die Gemeinde und der Bundesgesetzgeber, S. 44 erkennt eine inhaltliche Gestaltungsbefugnis des Gesetzgebers bei den institutionellen Garantien der Art. 33 Abs. 5 und 28 GG an.

[94] *Leisner*, Verfassungsmäßigkeit der Gesetze, S. 39 f., der Gesetzesvorbehalt als einzig legitime Form der Verfassung nach dem Gesetz.

[95] *Häberle*, Wesensgehaltgarantie, S. 126 ff.; ders., JuS 1969, S. 265 ff.; DÖV 1969, S. 385 ff.

[96] *Forsthoff*, Zur Problematik der Verfassungsauslegung, S. 39. Aus dem Normcharakter des Verfassungsrechts folgt nicht zwingend, es ausschließlich mittels des herkömmlichen Methodensynkretismus zu bestimmen.

einem normativ geleiteten topischen Verfahren unter Abwägung der relevanten Gesichtspunkte zu ermitteln. Die Kennzeichnung der Verfassungssätze als Normen von „generalklauselähnlicher Weite" und „strukturell-dynamischer Offenheit"[97] umschreibt die Tatsache, daß Verfassungsrecht, wie jedes Recht, nicht fertig anwendbar ist. Aus dem festgestellten Befund der Reflexion der Verwaltung auf die formelle Gesetzgebung, deren Normtexte gegenüber denen der Verfassung ungleich exakter sind, darf gefolgert werden, daß sich Verfassungs- und Gesetzesrecht nicht gegenseitig ausschließen können. Der ausgreifend formulierte und damit notwendig unbestimmte Gehalt des Grundgesetzes ist auf Konkretisierung und Individualisierung durch Gesetzgebung und Rechtsprechung in weit höherem Maße angewiesen[98] als die einfachen parlamentarischen Gesetze auf den Verwaltungsvollzug.

3. Die historischen Rezeptionen in Verfassungen aus niederrangigem Recht

Wenn Leisner den Gesetzesvorbehalt in der Verfassung als Instrument der „Verfassungsrelativierung", als „Leerlaufen durch Rezeption niederrangiger Normbereiche" und Verfassungsverdrängung[99] ansieht, im Zweifel keine Übernahme niederrangiger Normenkomplexe und ein Abstoppen der Institutionalisierungsbewegung im Grundrechtsbereich fordert[100], so dürfte das mit seinen Grund in einer zu geringen Beachtung der die Verfassungen der Vergangenheit und Gegenwart mitbestimmenden Rezeptionsvorgänge haben.

a) Aufnahme der Grundsätze der preußischen Reformgesetzgebung des 19. Jahrhunderts in süddeutsche Verfassungsurkunden

In den Verfassungsschöpfungen der deutschen Staaten des 19. Jahrhunderts finden sich zahlreiche Rezeptionen. Die große preußische Reformgesetzgebung findet sich durch die nachträgliche Aufnahme ihrer Prinzipien in den süddeutschen und preußischen Verfassungsurkunden wieder[101]. Wie fruchtbar sie sich für die Realisierung einzelner Grundrechte erwiesen hat, sei durch einige Beispiele verdeutlicht. Das Edikt von 1807 über die Bauernbefreiung war nicht nur ein Akt liberaler Nationalökonomie, sondern aus der Erkenntnis geboren, nationaler Wohlstand setze die Mitarbeit eines freien, unabhängigen, am wirt-

---

[97] So *Ehmke*, VVStRL 20, S. 53 ff., 62.
[98] *Ehmke*, a.a.O., S. 53 ff., 68, 69.
[99] *Leisner*, Verfassungsmäßigkeit der Gesetze, S. 39 ff.
[100] *Leisner*, a.a.O., S. 64.
[101] *E. R. Huber*, Verfassungsgeschichte I, S. 351.

schaftlichen Ertrag beteiligten Bauernstandes voraus[102]. Hinter ökonomischen Überlegungen stand der Gedanke, persönliche Freiheit und freies Grundeigentum zu schaffen[103]. In einem weiteren Edikt wurden die Schranken des Güterverkehrs aufgehoben, die bisher einen Erwerb von adeligen Gütern durch Bürgerliche untersagten[104].

Mit der Beseitigung überkommener ständischer Beschränkungen der Berufsbildung durch das Edikt von 1810[105] und dem Abbau der Zunftverfassung[106] durch weitere Ausgestaltung der Gewerbefreiheit wurde die Bildung eines freiheitlichen Wirtschaftssystems abgerundet, das so maßgebliche Begriffe wie Eigentum, Berufs- und persönliche Freiheit prägte.

Zwischen den einschlägigen preußischen Edikten, Verordnungen, Instruktionen, Kabinettsordren und den späteren süd- und mitteldeutschen Verfassungskodifikationen lassen sich bedeutsame Übereinstimmungen feststellen. Die Auflösung des Ständestaates im preußischen Edikt vom 9. 10. 1807[107] zugunsten eines mobileren und durchlässigeren Gesellschaftssystems findet sich in den Verfassungen von Kurhessen und Sachsen, nur knapper und abstrakter formuliert, wieder[108]. Die Freigabe des Grundstückverkehrs unter den Ständen[109] sowie die Befugnisse, Grundstücke real zu teilen[110] und zu „vererbpachten"[111], prägten wesentlich den Eigentumsbegriff, wie er den späteren süd- und mitteldeutschen Verfassungen[112] zugrunde gelegt wurde.

Mit der Neuregelung der Berufs- und Grundeigentumsordnung wurden nicht bloß Kerninstitute der Privatrechtsordnung dem Geist der Zeit angepaßt, sondern auch ein Stück Verfassungsrecht reformiert.

---

[102] So Präambel des Edikts von 1807 bei *E. R. Huber*, Dokumente I, S. 38.

[103] *E. R. Huber*, Verfassungsgeschichte I, S. 187.

[104] *E. R. Huber*, Verfassungsgeschichte I, S. 191.

[105] *E. R. Huber*, Verfassungsgeschichte I, S. 204.

[106] *E. R. Huber*, a.a.O., S. 207.

[107] *E. R. Huber*, Dokumente I, S. 39, § 2: „Jeder Edelmann ist, ohne Nachtheil seines Standes, befugt, bürgerliches Gewerbe zu treiben, und jeder Bürger oder Bauer berechtigt, aus dem Bauern- in den Bürgerstand zu treten."

[108] Wortlaut des Abschn. III § 28 der sächsischen Verfassung: „Jeder ist berechtigt, seinen Beruf und sein Gewerbe nach eigener Neigung zu wählen ..."

[109] § 1 des Edikts über die Bauernbefreiung vom 9. 10. 1807.

[110] § 4 des Edikts v. 9. 10. 1807.

[111] § 5 d. Edikts.

[112] Vgl. IV § 8 d. bay. Verf. v. 1818 bei *E. R. Huber*, Dokumente I, S. 147; II § 13 d. Bad. Verf. v. 1818; *Huber*, a.a.O., S. 158; III § 24 der württembergischen Urkunde v. 1819, *Huber*, a.a.O., S. 174; III § 31 d. Verf. v. Kurhessen von 1831, *Huber*, a.a.O., S. 204; III § 27 d. sächsischen Verf. v. 1831, *Huber*, a.a.O., S. 228.

Huber[113] mißt ihrer Ausgestaltung für das Gesamtbild einer Verfassung keine geringere Bedeutung bei, als die der politischen Willensbildung.

Die Aufhebung der Leibeigenschaft und das Verbot ihrer künftigen Begründung in allen süd- und mitteldeutschen Verfassungen[114] hatte seinen Vorläufer im Edikt über die Bauernbefreiung[115]. Die badische Verfassung vom 22. 8. 1818 erhebt die im Gesetz vom 14. 8. 1817 geregelte „Wegzugsfreiheit" in den Verfassungsrang[116].

Desgleichen hatte die weitgehende Gleichstellung der jüdischen mit den christlichen Einwohnern bezüglich der allgemeinen staatsbürgerlichen Rechte und Pflichten in der hessischen Verfassung von 1831[117] ihr Vorbild im preußischen Emanzipationsedikt von 1812, in dem mit „General-Privilegien, Naturalisationspatenten, Schutzbriefen und Konzessionen versehenen Juden" den Einländern und Preußischen Staatsbürgern „gleichzuachten sind"[118].

Einfaches Gesetzesrecht wurde auch zum Schrittmacher im Bereich der Staatsorganisation. Die preußische Verordnung „wegen Einführung des Staatsraths"[119], der, ohne Sachentscheidungskompetenz[120] ein reines Beratungsorgan von allerdings hoher Effezienz war[121], war wegweisend für die Einsetzung dieses Organs im württembergischen Staat[122].

Die groß angelegte preußische Bildungsreform beseitigte das bisherige Nebeneinander kirchlicher, privater, gemeindlicher und staatlicher Anstalten, formte sie zu einem System und wurde damit zu einem institutionellen Element der Gesamtverfassung[123]. Grundlegend für ihren Erfolg war die Eingliederung aller Schularten unter die Staatsaufsicht der Regierungen[124]. Dies galt auch für die Schul- und

---

113 Verfassungsgeschichte I, S. 191.
114 Vgl. Bay. Verf. IV § 6.
115 E. R. Huber, Dokumente I, S. 40.
116 E. R. Huber, Dokumente I, S. 158.
117 III, § 29 bei Huber, a.a.O., S. 204.
118 So § 1 des Edikts vom 11. 3. 1812 bei Huber, a.a.O., S. 45 ff.
119 E. R. Huber, a.a.O., S. 62.
120 Wortlaut der Verordnung: „Durchaus keinen Anteil an der Verwaltung."
121 E. R. Huber, Verfassungsgeschichte I, S. 158.
122 E. R. Huber, Dokumente I.
123 E. R. Huber, Verfassungsgeschichte I, S. 265.
124 Vgl. II § 6 der Instruktion vom 23. 10. 1817 bei G. A. Grotefend I: „Sämmtliche Elementar- und Bürgerschulen, so wie die Privaterziehungs- und Unterrichtsanstalten bleiben der Aufsicht der Regierungen und mit ihnen verbundenen Kirchen- und Schulkommissionen unterworfen."

Unterrichtseinrichtungen der katholischen Kirche[125]. In Abschnitt II Art. 23 der preußischen Verfassung von 1850[126] wird die Staatsaufsicht über alle Schulen bekräftigt.

Die mit einer Reform des Ausbildungswesens notwendig gewordenen höheren sachlichen Anforderungen an die Schullehrer, die sich bis zu Beginn des 19. Jahrhunderts aus Künstlern, gescheiterten Theologen und invaliden Unteroffizieren zusammensetzten[127], fanden im Edikt „wegen einzuführender allgemeiner Prüfung der Schulamtskandidaten" vom 12. 7. 1810[128], ihren Niederschlag. Sachlich waren sie allerdings auf Schulen beschränkt, „welche die Befugnis haben, Schüler zur Universität zu entlassen"[129]. Lehrer an Elementarschulen mußten sich zu ihrer Aus- und Fortbildung Seminaren und Proseminaren unterziehen[130].

Mit der damit verbundenen Eingliederung der Lehrer in den öffentlichen Dienst[131] vollendete sich die staatliche Herrschaft über das Bildungswesen. Damit hat einfaches Gesetzesrecht die Vorarbeit für die preußische Verfassung von 1850 geleistet, die die Lehrer an öffentlichen Schulen den Staatsbeamten gleichstellt[132] und ihnen in Abschn. II Art. 25 „ein festes, den Lokalverhältnissen angemessenes Einkommen" sichert.

Mehrere Verfassungen beauftragen dort, wo sie nicht an gesetzlich vorgeformte Einrichtungen anknüpfen können, die Gesetzgebung, sie im einzelnen zu verwirklichen. § 17 der badischen Verfassung von 1818 verweist auf die künftige Gesetzgebung[133], und die bayerische Verfassung gleichen Jahres sichert sie in Abschn. IV § 11 nach den „bestehenden Edikten"[134]. Auffällig ist die gewiß nicht unbewußt gewählte Formulierung, die den Edikten die Funktion zuweist, eine verfassungsrechtliche Gewährleistung zu sichern. Die württembergische Verfassung von 1819[135] garantiert in § 28 Buchhandel- und Pressefreiheit unter Beobachtung der gegen ihren Mißbrauch bestehenden oder künftig zu erlassenden Gesetze.

---

[125] So § 8 der Instr. v. 23. 10. 1817 bei *Grotefend* I, S. 173.

[126] s. *E. R. Huber*, Dokumente I, S. 403.

[127] So *Huber*, Verfassungsgeschichte I, S. 368.

[128] Bei *Grotefend* I, S. 39.

[129] § 5 d. Edikts vom 12. 7. 1810.

[130] Vgl. VO vom 9. 12. 1842 bei *Grotefend* I, S. 172, Note 1.

[131] Vgl. zur Regelung der Anstellung, Beförderung, Disziplin, Suspension bei *Grotefend* I, S. 172, sowie zur Besoldung §§ 12 ff. d. VO v. 11. 12. 1845 bei *Grotefend* I, S. 718.

[132] *E. R. Huber*, Dokumente I, S. 146.

[133] *E. R. Huber*, a.a.O., S. 158.

[134] *Huber*, a.a.O., S. 148.

[135] *Huber*, a.a.O., S. 174.

Es ist gewiß kein Zufall, daß die französische Verfassung von 1791, der Prototyp der revolutionären Verfassung, die Gesetzgebung beauftragt hat, sie zu vollziehen. Den Mangel der unmittelbaren Geltung der Verfassungen des 19. Jahrhunderts allein aus der jeder Normativität abträglichen weit ausgreifenden Formulierungstechnik erklären zu wollen[136], befriedigt schon deshalb nicht, da Verfassungstexte wegen des Umfangs der zu regelnden Materie notwendig abstrakt bleiben müssen.

b) Rezeptionen in den Verfassungen von 1871 und 1918

Die Reichsverfassung von 1871 hat zwar auf die Aufnahme liberaler Freiheitsrechte verzichtet. Ihre Gesetzgebung „stellte eine ganze Anzahl von ihnen (aus der Frankfurter Verfassung von 1848) sicher"[137], beispielsweise die persönliche Freiheit durch die Strafprozeßordnung, die Auswanderungsfreiheit, teils durch das Staatsangehörigkeits- teils durch das Freizügigkeitsgesetz, die Gewerbefreiheit durch die Gewerbeordnung. Zwischen den Grundrechten und der ihnen zugeordneten Gesetzgebung besteht eine innere, werthafte Beziehung. Durch ihre nähere Ausgestaltung gewinnen die Grundrechte an Lebensnähe und Aktualität, erhalten feste Konturen und werden in ihrem Fortbestand gesichert.

In der Formulierung schien mit der Weimarer Verfassung eine neue Ära deutschen Verfassungsrechts angebrochen zu sein. Die Verfassung schien sich von den Fesseln des einfachen Gesetzes gelöst zu haben und weitgehend ein normatives Eigenleben zu führen. Doch auch hier lassen sich unschwer zahlreiche Rezeptionen feststellen, die Hofacker[138] zu der bissigen Bemerkung veranlaßte, sie sei „eine unschöpferische Kodifikation". Vereins- und Versammlungsfreiheit, Korrespondenz- und Pressefreiheit werden aus dem Inhalt der entsprechenden Ausführungsgesetze ermittelt. Woher hätte man auch — um die Formulierung Leisners aufzugreifen — einen begrifflichen Selbstand der Verfassung nehmen sollen? Der Interpret konnte bei den maßgeblichen Rechtstheoretikern seiner Zeit keine Stütze finden. Der formale Normlogismus eines H. Kelsens[139] besagt nichts über den Verfassungsinhalt. Die formal erschwerte Abänderbarkeit als Verfassungskriterium verlangt gerade keinen spezifischen Verfassungsgehalt.

---

[136] So *Leisner*, JZ 1964, S. 201 ff., 202.
[137] *Stier-Somlo*, in: HWRW II, S. 507.
[138] *Hofacker*, Grundrechte und Grundpflichten der Deutschen, S. 6 ff.
[139] *Kelsen*, Allgemeine Staatslehre, S. 7 ff.

R. Smends Integrationslehre versteht die Verfassung wohl als ein Kultur- und Wertsystem[140], in dessen Namen das Volk einig sein will. Seine praktischen Folgerungen, etwa, daß die Rechtsaufsicht der Kommunalbehörden von Verfassungs wegen nicht isoliert gesehen werden darf, sondern als Moment der fließenden Zusammenordnung von Reich und Ländern stets zusammen zu sehen ist in der gegenläufigen Bewegung der verfassungsmäßigen Einflüsse der Länder auf das Reich[141], zeigt, daß einfache Gesetze dieselbe Integrationswirkung haben, und zwar stärker, weil sie „technischer" und traditionsreicher sind.

C. Schmitt gelangt durch seine Kritik an der herrschenden Auffassung des Art. 76 WRV[142] zu der Folgerung, daß eine rein formale Definition der Verfassung nicht genüge. Die Trennung von „Verfassung im positiven Sinn" und „Verfassungsgesetz"[143], die Umschreibung der ersteren als bewußte Entscheidung einer politischen Einheit über die Wahl ihrer Existenzform, der gegenüber das Wofür der Entscheidung gänzlich zurücktritt, verdrängt jede Normativität aus der Verfassung und macht sie zur bloßen Machtorganisation[144].

c) Rezeptionen niederrangiger Normen im Grundrechts- und Kompetenzteil des Bonner Grundgesetzes

Art. 1 Abs. 3 GG schließt jeden Zweifel über die Normqualität der Verfassungsrechtssätze des Grundgesetzes aus. Daraus kann jedoch nicht geschlossen werden, wie sie gelten. Gerade die Grundrechte jeder Verfassung und insbesondere die des Grundgesetzes, sind traditionell vorgeprägt; sie besitzen typischen Rezeptionscharakter, der durch die Knappheit der Formulierung noch begünstigt wird. Die Freiheitsgrundrechte mit außerrechtlichen oder natürlichen Lebensräumen zu umschreiben, ist nicht nur rechtstheoretisch fragwürdig, sondern auch unorganisch gedacht[145].

---

[140] *R. Smend,* Verfassung und Verfassungsrecht, in: Staatsrechtliche Abhandlungen, S. 265.

[141] *R. Smend,* a.a.O., S. 239.

[142] *C. Schmitt,* Verfassungslehre, S. 19 f.

[143] *C. Schmitt,* a.a.O., S. 20.

[144] So *Ehmke,* Verfassungsänderung, S. 35 ff., 52.

[145] Die These, die Freiheit bedürfe keiner ausführenden Gesetzgebung (so *Maunz-Dürig,* Rdnr. 5, 6 zu Art. 2 Abs. 1 GG), versperrt den Zugang zu der Erkenntnis, daß die einzelnen Grundrechtsbereiche in verschiedenem Maße auf eine sie präzisierende Gesetzgebung angewiesen sind. *Klein, K.,* will aus Art. 1 Abs. 3 GG ein Verbot gesetzlicher Intervention im Grundrechtsbereich herleiten. Daß die Grundrechte als Normen gelten, besagt jedoch noch nicht, wie sie gelten.

Legitimität und Überzeugungskraft einer Verfassung beruhen in der Regel gerade darauf, daß sie neue Gedanken mit Hergebrachtem zu verbinden weiß[146].

Derartige Rezeptionen bedeuten keineswegs, wie Leisner befürchtet[147], eine Vergesetzlichung der Verfassung und einen status quo auf dem Zustand des rezipierten Rechts. Rangniedere Normen werden durch Rezeption nicht nur formal erhöht, sondern entfalten auf der Verfassungsebene ein spezifisches Eigenleben; mit der Rangänderung ändert sich auch die Normqualität. Diese These läßt sich unschwer an Hand einiger Beispiele nachweisen.

Die Eigentumsgarantie des Art. 14 Abs. 1 GG wurde zunächst als verfassungsrechtliche Bekräftigung des bürgerlich-rechtlichen Eigentumsbegriffs verstanden[148]. Die Rechtsprechung des Bundesverfassungsgerichts hat sich schrittweise davon gelöst und gelangte zu einer spezifisch verfassungsrechtlichen Eigentumsgarantie[149]. Eine ähnliche Entwicklung machte die Gewährleistung des Erbrechts durch[150]. Die historische Geprägtheit und die Erkenntnis einer Ausgestaltungsfunktion des einfachen Gesetzgebers[151] — nicht bloß einer Schrankenziehung — im Bereich der Eigentumsgarantie müßten deren Sicht als prähistorische, gleichsam naturrechtlich statuierte Größe ausschließen, wie sie die jetzige Diskussion noch belastet[152].

Der Vereinsbegriff des Art. 9 GG knüpft an das Vereinsgesetz von 1908 an[153]. Für die Koalitionsfreiheit des Art. 9 Abs. 3 GG hat das Bundesverfassungsgericht[154] maßgeblich auf ihren historisch gewachsenen Sinn abgestellt, ohne aber die Erfordernisse einer gesunden Fortentwicklung zu vernachlässigen. Die Einbeziehung der Grundsätze der Unmittelbarkeit und Unabdingbarkeit des Tarifvertrages in den verfassungsrechtlichen Schutz des Art. 9 Abs. 3 GG unterstreicht nur den Anteil des einfachen Gesetzgebers an der verfassungsrechtlichen Begriffsprägung. Diese Beispiele können durch weitere ergänzt werden[155],

---

[146] Der mehrfach betonte „revolutionäre Schwung des Grundgesetzes bei *Leisner* (Verfassungsmäßigkeit der Gesetze, S. 7) überbewertet die Neuschöpfungen gegenüber dem Rezipierten.

[147] *Leisner*, Verfassungsmäßigkeit der Gesetze, S. 54 f.

[148] So BVerfGE 3, S. 28, 29; 10, S. 3, 7.

[149] Die Stationen dieser Entwicklung lassen sich anhand der Entscheidungen E. 1, S. 264; 2, S. 380, 402; 4, S. 219, 240; und 11, S. 64, 70 verfolgen.

[150] *Boehmer*, Grundrechte II, S. 407, 410.

[151] Hierzu ausführlicher IV. Kapitel.

[152] Vgl. *Rupp*, Grundfragen, S. 242.

[153] *Füßlein*, Grundrechte Bd. 2, S. 419 ff., 443.

[154] BVerfGE 4, S. 96, 100.

[155] Vgl. das Verhältnis der in Art. 5 Abs. 1 GG gewährten Pressefreiheit zu den landesrechtlichen Pressegesetzen; die Berufsfreiheit zu den zahllosen

dürfen jedoch nicht zu der Verallgemeinerung verleiten, jedes Grundrecht sei nur eine verfassungsrechtliche Zusammenfassung zahlreicher einfacher Gesetze und Verfassungshermeneutik nichts anderes als ein umfassender Rezeptionsnachweis. Vielmehr muß bei jedem Grundrecht Qualität und Umfang des Rezipierten sorgfältig ermittelt werden. Nicht jedes grundrechtsinterpretierende Gesetz gehört ipso iure zum verfassungsrechtlichen Normenbereich. Sinn des Art. 12 GG ist es gerade, viele, von der Berufsbildtheorie legitimierten, starke Beschränkungen der Berufsfreiheit aufzuheben[156]. Damit verlieren aber die zahlreichen, die Berufsausübung regelnden Gesetze nicht ihre verfassungsrechtliche Relevanz. Jedes dieser Gesetze ist im Grunde eine Interpretation des Art. 12 GG[157], wenn auch vorbehaltlich einer verfassungsgerichtlichen Nachprüfung.

Verfassungsdeterminierende Rezeptionsvorgänge lassen sich auch außerhalb der Grundrechte feststellen. Das Bundesverfassungsgericht hat speziell für die Kompetenznormen ausgesprochen[158], sie seien im steten Rückblick auf die WRV formuliert worden. Der Bericht über den Verfassungskonvent von Herrenchiemsee bestätigt dies[159]. „Die Aufzählung der einzelnen Gesetzgebungszuständigkeiten schließt sich auf vielen Gebieten der WRV an ... Auch die Formulierungen sind, wo es angängig war, aus der WRV übernommen worden, zumal Rechtsprechung und Verwaltung mit übernommenen und abgeklärten Fassungen leichter arbeiten als mit völlig neuen". Die Befürchtung Leisners[160], die begriffliche Entwicklung des Verfassungsrechts würde auf dem Stand von 1945 erstarren, wird durch das Bundesverfassungsgericht ausgeräumt, welches die Sinnänderung einer Kompetenznorm durch Änderung tatsächlicher Verhältnisse, die sich als grundsätzlicher Strukturwandel erweisen, für möglich hält[161].

Typischen Rezeptionscharakter besitzen ferner die sogenannten Prozeßgrundrechte in Art. 103 GG. Art. 103 Abs. 3 GG hat den vom formellen und materiellen Strafrecht entwickelten Satz „ne bis in idem" beibehalten[162]. Desgleichen hat Art. 103 Abs. 1 GG nichts daran ge-

---

Berufsordnungen; ferner die Bestimmung des Asylrechts nach Art. 16 Abs. 2 GG durch das Auslieferungsgesetz, und die Begriffe „Flüchtling" und „Vertriebener" i. S. von Art. 116 Abs. 1 GG nach den §§ 1—8 BVFG.

[156] Ablehnung der Berufsbildtheorie in BVerfGE 7, S. 377, 397.
[157] Vgl. *Ehmke*, Verfassungsinterpretation, VVStRL 20, S. 53, 68.
[158] BVerfGE 3, S. 407 ff., 414.
[159] Bericht über den Verfassungskonvent von Herrenchiemsee, S. 31.
[160] *Leisner*, Verfassungsmäßigkeit der Gesetze, S. 54 f.
[161] BVerfGE 3, S. 407 ff., 422.
[162] BVerfGE 3, S. 248, 252 f.

ändert, daß ein Haftbefehl nach wie vor ohne vorherige Anhörung des Betroffenen ergehen kann[163].

Desgleichen werden die institutionellen Garantien des Berufsbeamtentums in Art. 33 Abs. 5 GG und der gemeindlichen Selbstverwaltung in Art. 28 Abs. 2 GG nur nach Maßgabe der sie näher ausgestaltenden Gesetze gewährleistet.

d) Rechtstheoretische Folgerungen für das Verhältnis von Verfassung zu Gesetz

Aus alledem ergibt sich aus rechtstheoretischer Sicht eine kräftige Aufwertung der einfachen Gesetzgebung für das Verfassungsrecht im allgemeinen und für die Grundrechte im besonderen. Es wäre jedoch verfehlt, daraus eine generelle Ausgestaltungsfunktion des Gesetzgebers im Grundrechtsbereich zu folgern[164]. Solche Thesen nivellieren nicht bloß die speziellen Schrankenvorbehalte[165]. Sie müssen die Grundrechte selbst unter einen allgemeinen Vorbehalt stellen, der weder ausdrücklich in der Verfassung geschrieben steht, noch aus einer systematischen oder verfassungseinheitlichen Auslegung hergeleitet werden kann. Gemeinschaftsbezogene Grundrechte, wie sie in den Art. 12, 14, 5 Abs. 1, 8 und 9 GG verbürgt sind, stehen einer gesetzgeberischen Tätigkeit ungleich näher als Grundrechte, welche die sittliche und geistige Entscheidungsfreiheit der Individuen vor dem staatlichen Zugriff sichern.

---

[163] BVerfGE 9, S. 89, 95.

[164] So aber *Häberle*, Wesensgehaltgarantie, S. 175, 202 ff., auch die Sozialstaatsklausel gibt hierfür nichts her. Aus ihr einen generellen Gesetzesvorbehalt abzuleiten, ist nur bei einer inhaltlichen Geschlossenheit der Grundrechte möglich, wie sie einfach nicht begründet werden kann.
Eine grundsätzliche Auseinandersetzung mit *Häberle* ist in diesem Rahmen nicht möglich. Vgl. hierzu *Lerche*, DÖV 1965, S. 213 ff.; *Denninger*, JZ 1963, S. 425 und *Schnur*, DVBl. 1965, S. 489 ff. Hier sei nur bemerkt, daß bei der gesetzgeberfreundlichen Haltung Häberles neben der Überbetonung des Ineinanderstehens von Freiheit und Recht (S. 53, 225, 229) die Einsicht zu kurz kommt, daß Freiheit und Gesetz auch gegeneinanderstehen können. Das Grundgesetz hat als Schutz vor einer potentiellen Bedrohung durch den parlamentarisch regierten Parteienstaat weitgehende Sicherungen eingebaut. Die Bindung des Gesetzgebers an die Grundrechte und die verfassungsmäßige Ordnung (Art. 1 Abs. 3, 20 Abs. 3 GG), das allgemeine richterliche Prüfungsrecht nach Art. 100 S. 1 und Art. 93 Abs. 1 Nr. 2 GG, und die damit verbundene Aufwertung des Bundesverfassungsgerichts gingen weit mehr zu Lasten des Gesetzgebers als der Exekutive (vgl. hierzu *Werner*, Richterstaat, S. 16, 17). Ein Blick in die Rechtsprechung des Bundesverfassungsgerichts lehrt, daß grundrechtswidrige Gesetze durchaus keine Ausnahmeerscheinung in unserem Staat sind. Deshalb sollten Freiheit und Gesetz nicht in einem ausschließlichen Bedingungsverhältnis gesehen werden, sondern es muß auch die Antinomie dieser Beziehung bewußt bleiben.

[165] i. d. S. *Lerche*, Übermaß, S. 157.

Die Erkenntnis umfangreicher Rezeptionen erlaubt aber doch zwei praktisch wichtige Folgerungen. Wo Rezeptionen stattfanden und stattfinden, sind entsprechend ihrem Umfang auch dort gesetzliche Beschränkungen zulässig, wo ein ausdrücklicher Gesetzesvorbehalt fehlt. Das Bundesverfassungsgericht hat hierfür die von Nawiasky eingeführte Formel vom „vorrechtlichen Gesamtbild"[166] übernommen. Sie mag zwar terminologisch wenig glücklich gewählt sein, da sie auch in dem Sinne verstanden werden kann, das Rezipierte stehe vor oder neben der Rechtsordnung. Sachlich ist sie jedoch zu einem unentbehrlichen hermeneutischen Hilfsmittel geworden.

Zweitens hat der Gesetzgeber wegen des, wenn auch kräftig differenzierten, Rezeptionscharakters der Grundrechte, Inhalte und Bindungen zu beachten, die sich nicht unmittelbar aus dem Wortlaut ergeben.

Beide Folgerungen beruhen darauf, daß der normative Gehalt einer Verfassungsnorm, wie einer jeden anderen, im Normtext nicht immer vollständig zum Ausdruck kommt.

---

[166] *Nawiasky*, Grundgedanken des Grundgesetzes, S. 25; derselbe, Allgemeine Rechtslehre, S. 137.

Drittes Kapitel

Das Verhältnis von Verfassung zu einfachem Gesetzesrecht als methodisches Problem der Verfassungskonkretisierung

Die Frage nach der Normativität der Verfassung und die häufig damit in Zusammenhang gebrachte Frage nach ihrem Bezug zur Wirklichkeit kann auf den ersten Blick wenig für eine differenzierte Aufschlüsselung der Relation von Verfassung zu Gesetz leisten. Die Gefährdung der verfassungsrechtlichen Normativität liegt anscheinend auf einer anderen Ebene als die mehr punktuelle, einzelfallbezogene Spannung zwischen Verfassung und Gesetz. Die Fragestellung wird verständlicher, wenn Wirklichkeit nicht mit einer rein empirischen Kette von Kausalabläufen identifiziert, sondern als die von Normen aller Art durchzogene und geprägte soziale Umwelt verstanden wird und so auch verstanden werden muß.

1. Normativität der Verfassung und ihr Bezug zur Wirklichkeit in der Rechtstheorie

Das ältere rechtstheoretische Schrifttum stand ganz unter dem überragenden Einfluß von H. Kelsen und seiner Lehre. Gemäß dem logischen Satz der Unableitbarkeit des Sollens aus dem Sein war eine Untersuchung empirischer Strukturen nicht nur sinnwidrig, sondern auch gefährlich, da die sich stets wandelnde soziale Wirklichkeit, die nach Erfaßbarkeit und Berechenbarkeit suchende Normativität des Rechts notwendig schwächen mußte. Dem Dualismus von Statik und Dynamik entsprach derjenige von Norm und Wirklichkeit. Die Frage nach der Erforschung der Rechtswirklichkeit, wie etwa die nach den Bedingungen der „Transformation" der Rechtsnorm in die soziale Wirklichkeit, schied von vornherein als metajuristisch aus dem Kreis der Untersuchungen aus. Rechtssoziologie galt als suspekt. Die Rechtstheorie beschränkte sich auf die Analyse von Normen und deren Konkurrenz zueinander. Ihr Gegenstand war und ist teilweise noch heute die Untersuchung von Vorschriften für menschliches Verhalten, weni-

ger die empirische Untersuchung des Verhaltens selbst[1]. Diese Isolie-
rung, insbesondere von der Soziologie, führte zu einer Formalisierung
des Rechtsdenkens als der Loslösung der Form von allem Stofflichen.
N. Hartmann[2] hat nachgewiesen, daß sich diese Strömung im deutschen
Rechtsdenken in guter Gesellschaft der Philosophie befindet, die auf
dem „uralten, bis auf Aristoteles zurückgehenden Vorurteil der traditionellen Metaphysik zugunsten der reinen Form" begründet ist. Daß
diese Geisteshaltung heute noch keineswegs überwunden ist, zeigt
Leisners Satz: „Hinter der beliebten Beziehung zur Wirklichkeit werde
übersehen, daß rangniedere Normenkomplexe in die Verfassungsbegrifflichkeit eindringen[3]."

a) Die Kritik am Positivismus in den Lehren R. Smends und E. Kaufmanns

Die gegenwärtige Diskussion setzt bei der Kritik am Positivismus
und dessen Normlogistik an. Die Entleerung des Rechts von allen sitt-
lichen, politischen und wirtschaftlichen Gehalten und die darauf be-
ruhende Identifizierung von Recht und Staat brachte Kelsen den Vorwurf Schindlers[4] ein, demnach sei also jeder Staat ein Rechtsstaat und
damit praktisch keiner. Gegen Kelsens These vom notwendigen Rela-
tivismus als geistige Grundlage der Demokratie wurde eingewandt[5],
in ihr finde sich ein individualistischer Nachtrag des neukantianischen
Denkens, wenn sie glaube, der differenzierte Pluralismus in der
modernen Gesellschaft verlange eine Neutralisierung inhaltlicher Ziele,
um nicht die Funktionsfähigkeit der Zusammenarbeit der verschiedenen Gruppen zu gefährden. Eine freiheitliche Demokratie könne nicht
auf einen Grundstock gemeinsamer Überzeugungen verzichten, soll
nicht ihre Rechtsordnung an einem unfruchtbaren Formalismus schei-
tern[6].

R. Smends Integrationslehre versteht die Verfassung nicht als Norm,
sondern als Wirklichkeit: „Als Verfassung ist sie integrierende Wirklichkeit[7]." Seine Überbetonung der dauernd sich erneuernden staatlichen Willens- und Einheitsbildung, die ständig in Bewegung seien,
wurde als Vernachlässigung der Normativität der Verfassung kriti-

---

[1] So bei *P. Laband*, Das Staatsrecht des Deutschen Reichs I, S. IX f.;
G. Jellinek, Allgemeine Staatslehre, S. 20, 50 f.

[2] *N. Hartmann*, Ethik, S. 97 ff.

[3] *Leisner*, Verfassungsmäßigkeit der Gesetze, S. 62.

[4] *Schindler*, Verfassungsrecht und soziale Struktur, S. 25.

[5] *A. Rauscher*, in: Herders Staatslexikon, Bd. 6, S. 618 ff.

[6] Herders Staatslexikon, S. 634; *Schindler*, Recht, Staat, Völkergemeinschaft, S. 179.

[7] *R. Smend*, Verfassung und Verfassungsrecht, S. 78, 80.

siert[8]. Die wohl temperamentvollste Kritik an Kelsens reiner Rechtslehre hat E. Kaufmann vorgetragen, als er die bloß technische Rechtswissenschaft als eine Hure bezeichnete, die für alles und zu allem zu
haben sei[9]. Recht sei nur das, was realiter gilt; es muß seinem Wesen
nach verwirklicht sein wollen. Die Konzeption des Staates als eine
fremde, über den Individuen stehende Macht, weist Kaufmann als
spiritualistisch und irreal zurück[10]. Er sei die „leibliche Gestalt der
geistigen Volksgemeinschaft". Deshalb können sich die Staatsrechts-
normen nicht mit einer hypothetischen Geltung begnügen, wenn sie
den Staat tragen sollen.

b) Äußerungen bei Scheuner, Leibholz und Hesse

Im neueren Schrifttum hat sich die Diskussion unter diesem Vorzeichen fortgesetzt.

Scheuner[11] stellt hierzu fest, Verfassung und Wirklichkeit stünden
in einer Spannung, die ein gewisses Maß nicht überschreiten dürfe,
sonst trete der geschriebenen, aber nicht mehr real geltenden Verfassung eine abweichende Verfassungswirklichkeit gegenüber, die sich
zur realen Verfassung entwickle.

Leibholz[12] fordert eine zunehmende Sinnerfüllung der Verfassungsnormen durch die Wirklichkeit. Deren Grenzen liegen dort, wo die
Sinnmitte der Norm in das Gegenteil pervertiert werde. Die Gefahr
des „soziologischen Positivismus" sei nicht geringer als die des formal-
logischen. Demzufolge müsse zwischen Sein und Sollen eine dialektische Spannung bestehen. Zu einer engen Verknüpfung von Verfassung und Wirklichkeit gelangt auch Wintrich[13]. Er ist der Ansicht, die
formalen Momente des Rechts seien notwendig um der inhaltlichen
willen da, die normativen notwendig mit den tatsächlichen verbunden
sind.

Eingehend hat sich Hesse mit diesem Grundproblem der Verfassung
beschäftigt[14]. Auch er geht von der gegenseitigen Bedingtheit von ge-

---

[8] Vor allem *Kägi*, Die Verfassung als rechtliche Grundordnung des Staates,
S. 142 ff.

[9] *E. Kaufmann*, Das Wesen des Völkerrechts, S. 132; ders., Die Gleichheit
vor dem Gesetz, in: VVStRL 3, S. 22.

[10] *E. Kaufmann*, a.a.O., S. 139.

[11] *Scheuner*, in: Herders Staatslexikon, Artikel Verfassung, S. 118.

[12] *Leibholz*, Strukturprobleme, S. 278 f.

[13] *Wintrich*, Zur Problematik der Grundrechte, S. 8, 9.

[14] *Hesse*, Die normative Kraft der Verfassung, in: VVStRL 17, S. 12; ders.,
Grundzüge des Verfassungsrechts, S. 10 ff.

schriebener Verfassung und der politisch-sozialen Wirklichkeit aus[15]. Jede isolierende Erfassung der einen oder anderen Seite verfehle die Fragestellung. Dies sei durchaus ein Novum im staatsrechtlichen Denken, das bisher von extremen Einseitigkeiten belastet sei. Die Schule Laband-Jellinek habe die Norm auf einen bloßen Willensbefehl des Gesetzgebers reduziert, ohne nach seinem Inhalt zu fragen[16], und C. Schmitts Verfassungslehre mußte jede Wertbezogenheit und Wertgebundenheit der die soziale Ordnung gestaltenden und miteinander ringenden Kräfte verneinen[17]. Beiden Vereinseitigungen sei die Identifizierung von Recht und Macht gemeinsam und bekräftige damit die Lehre von der normativen Kraft des Faktischen. Denn ob man nun die Norm gegen das Sein stelle oder den umgekehrten Weg gehe, mache nur einen Unterschied in der Ebene der eindimensionalen Argumentation, nicht im Ergebnis aus.

Ein Ausweg biete sich nur an, wenn man von vornherein auf die radikale Fragestellung eines Entweder-Oder verzichte[18]. Die Verfassung habe kein ideelles, vom Wirklichkeitsbezug gelöstes Sein. Ihr Geltungsanspruch sei aber nicht mit den Bedingungen ihrer Geltung identisch; die Verfassung sei mehr als ein bloßes Spiegelbild der politischen Kräftegruppierungen[19]. Kraft ihres Geltungsanspruchs versuche sie ihrerseits die soziale und politische Wirklichkeit zu gestalten. Wirklichkeit und Norm stünden in einem Verhältnis korrelativer Zuordnung[20]. Daraus ergebe sich die Möglichkeit der Anpassung an das Gegebene und sich Wandelnde, wie die der Steuerung und Veränderung des „Seienden".

Daraus zieht Hesse folgende Schlüsse für die Verfassungsinterpretation[21]: Sie sei auf optimale Normenverwirklichung auszurichten. Dieses Ziel lasse sich nicht mit den Mitteln logischer Subsumption oder begrifflicher Konstruktion erreichen. Wenn man mit dem Satz

---

[15] *Hesse*, Die normative Kraft, S. 6; ders., VVStRL 17, S. 12.

[16] *P. Laband*, Das Staatsrecht des Deutschen Reichs I, S. IX f.; *G. Jellinek*, Allgemeine Staatslehre, S. 20, 50 f.; hierzu ausführlich *W. Böckenförde*, Gesetz und gesetzgebende Gewalt, S. 226 ff.

[17] *C. Schmitt*, Verfassungslehre, S. 22 f.

[18] *Hesse*, Normativität, S. 8.

[19] *Hesse*, a.a.O., S. 8.

[20] Darüber scheint sich bei aller Verschiedenheit der theoretischen Grundlagen die gegenwärtige Literatur einig zu sein, vgl. *E. Huber*, Recht und Rechtsverwirklichung, S. 31 ff., 281 ff.; *E. Kaufmann*, Das Wesen des Völkerrechts, S. 10, 107 f., 125 f.; *H. Heller*, Staatslehre, S. 184 f.; *J. Wintrich*, Zur Problematik der Grundrechte, S. 9; *G. Leibholz*, Strukturprobleme, S. 280 f.; *Ehmke*, VVStRL 20, S. 65; *Rupp*, Grundfragen, S. 141; *Esser*, Wertung, Konstruktion und Argument, S. 8.

[21] *Hesse*, Normativität, S. 15.

der Bedingtheit der Norm durch die konkreten Lebensverhältnisse
Ernst mache, so muß eine Auslegung sie erfassen und mit der Norm
in Beziehung setzen. Jeder Versuch, der sich die Durchsetzung ein-
dimensionaler Strukturen zum Ziel setze, werde den politischen Re-
alitäten nicht gerecht, die nicht nur in lauter Dezisionen bestehen,
„sondern in einem Vorfühlen und Abtasten, Sichdurchsetzen wie Zu-
rückweichen und der Bereitschaft zum Kompromiß". Jedes Prinzip
trage deshalb ein Stück Gegenstruktur in sich. Grundrechte können
nicht ohne Schranken, Gewaltenteilung nicht ohne die Möglichkeit der
Vereinigung, Föderalismus nicht ohne ein Quantum Unitarismus bestehen.

Die hier als sozial und politisch umschriebene Wirklichkeit besteht
aber nun nicht aus rechtsleeren, natürlichen Räumen, sondern wird
durch ein Geflecht von Rechtsnormen durchzogen. Die Fragestellung
nach dem Verhältnis von Verfassung zur Wirklichkeit ist die nach einer
Verfassung zu einer gesetzesdeterminierten und geprägten Wirklichkeit, letztlich die nach Verfassung und Gesetz. Die Rechtstheorie bestätigt damit die Ergebnisse, die die beobachteten Rezeptionen im Verfassungsrecht nahelegten. Verfassung und die durch das Gesetz ge-
staltete Wirklichkeit sind korrelativ einander zugeordnet, sie bedingen
sich gegenseitig.

c) Kritik

Nach den bisherigen Ergebnissen ist eine Verfassungskonzeption
nicht haltbar, die auf einem starren Dualismus von Norm zu Gesetz
und Wirklichkeit gegründet ist, und die noch von der Vorstellung eines
angeblich den Staatsorganen vorgegebenen, material feststehenden Ver-
fassungsgefüges zehrt. Die Bedeutsamkeit dieser Einsicht darf nicht
zu ihrer Überbewertung verleiten. Denn die bisherigen rechtstheoretischen Ergebnisse leiden noch unter ihrer abstrahierenden Fragestellung, die ihren Lösungsansätzen unüberwindbare Grenzen setzen. Die
Methode, aus allgemeinsten Ansätzen konkrete Probleme lösen zu
können, scheint in der deutschen Rechtswissenschaft noch zu beliebt
zu sein, um auf sie verzichten zu können. Sie kann aber nicht die Tatsache leugnen, daß ihre Ergebnisse vielfach weit hinter den Anforderungen der Praxis zurückbleiben. Die Ursache hierfür mag in der
Abstinenz gegenüber Realitätsforschung in der Rechtstheorie liegen.
Dahinter steht die Befürchtung, über ihre Grenzen hinauszugehen,
und ihre Autonomie der Soziologie opfern zu müssen. Eine Rechtstheorie, die dem Praktiker keine exaktere Erkenntnis zu liefern vermag als die, daß sich Norm und Wirklichkeit gegenseitig bedingen oder
einander korrelativ zugeordnet sind, ist unbrauchbar. Abgesehen von

der Fragwürdigkeit des sich darin offenbarenden Normverständnisses ist die oft beschworene Gefahr vor der Soziologie unbegründet. Diese will nicht der Rechtswissenschaft ihre Ergebnisse aufdrängen. Da sie sich auf die Analyse und Bewertung der Tatsachenseite beschränkt, steht es der normativ orientierten Rechtswissenschaft frei, „die von der Soziologie festgestellten Tatbestände und Vorgänge normativ zu bejahen oder zu verneinen"[22].

Im Grunde genommen tragen alle hier vorgetragenen Ergebnisse der Rechtstheorie zum Wirklichkeitsbezug der Verfassung, wenn auch unbewußt, die Züge der von ihnen mit Recht bekämpften positivistischen Denkweise. Die Rechtsnorm wird zwar nicht mehr als bloßer Willensakt des Gesetzgebers verstanden, sondern als Versuch, einen historischen oder als möglich vorgestellten Sachverhalt an Hand seiner Wertmaßstäbe zu regeln. Der Wert dieser Einsicht, zu einer hermeneutisch differenzierenden Fragestellung zu gelangen, wird durch das Festhalten an einem abstrakten Dualismus verbaut, indem der Norm eine globale, unstrukturierte Wirklichkeit gegenübergestellt wird[23]. Braucht der Kritik an der Laband-Jellinkschen „Willenstheorie" nichts mehr hinzugefügt zu werden, so haben auf der anderen Seite die bedeutenden Arbeiten von H. Heller und Schindler, die sich um einen allgemeinen rechtssoziologischen Entwurf des Rechts bemühten, gezeigt, daß sie vor positivistischen Irrtümern nicht gefeit sind[24]. Hellers Erkenntnis, es gebe keine entscheidungslose, weil keine geschichtslose Staats- und Rechtswissenschaft, und die politisch-juristischen Erkenntnisakte seien immer an der Setzung des Objekts, das sie erkennen wollen, mitbeteiligt[25], bleibt im theoretischen Raum stehen. Die abstrakten Polaritäten von Sein und Sollen bleiben gewahrt, wenn die dogmatische Rechtswissenschaft an einem geistigen Ganzen arbeiten soll, das in seiner Gegebenheit zunächst seinswissenschaftlich beschrieben, anschließend normativ konstruiert und interpretiert werden muß[26]. Hellers Arbeiten standen natürlich nicht unter hermeneutischem Vorzeichen. Eine solche Konzeption kann sich nicht mit neuen

---

[22] *Schelsky*, Ortsbestimmung, S. 129.

[23] So bei *Leisner*, Betrachtungen zur Verfassungsauslegung, DÖV 1961, S. 641, 644; *Schneider*, VVStRL 20, S. 49.

[24] *H. Heller*, Staatslehre, S. 190, 192; *Schindler*, Verfassungsrecht und soziale Struktur, S. 62; der von ihm eingeführte Begriff der „ambiance" (hierzu a.a.O., S. 92) verhalf endgültig dem heute allgemein anerkannten Interpretationsprinzip der Verfassungseinheit zum Durchbruch, weil erst die ambiance in diesem weiten Sinn Inhalt und Grenzen der Einzelnormen festzulegen hilft.

[25] *Heller*, a.a.O.

[26] *Heller*, Bemerkungen zu staats- und rechtstheoretischen Problemen der Gegenwart, AöR n. F. 16, S. 321 ff., 353.

sprachlichen Umschreibungen begnügen, sondern muß in der Frage
nach „Norm und Normgegenstand" zu einer sachlichen Verschiebung
gelangen. Daß der Sinn einer Norm, soweit er nicht sprachlich im
Normtext zum Ausdruck kommt, nicht durch logische Schlüsse zu ermitteln ist, sondern sich nur „im Zusammenhang mit der Totalität der
gesellschaftlichen Wirklichkeit" begreifen läßt[27], kann die Frage nicht
beantworten, wie diese Totalität differenziert und methodisch für den
Einzelfall brauchbar gemacht werden kann. Aus der Sicht einer um
Rationalität und Aufzeigung einzelner Normelemente bemühten Hermeneutik müssen auch die Ergebnisse Schindlers[28], so wichtige Ein-
sichten für die Rechtstheorie sie auch gebracht haben mögen, unbefriedigend bleiben, da sie eine pauschal gefaßte Wirklichkeit von der
Norm isolieren. Diese Kluft soll erst nachträglich durch den Normzweck überwunden werden, indem die Norm die an sich normferne
Wirklichkeit in eine normnahe transformieren soll[29]. Demnach macht
es im Ergebnis keinen Unterschied, ob man mit der überkommenen
Rechtsdogmatik glaubt, mit dem herkömmlichen Instrumentarium auskommen zu können, in dem die „Wirklichkeit" nur Bestätigung und
Randerscheinung eines anscheinend durch logische Schlüsse gewonnenen Ergebnisses ist, oder ob die Rechtstheorie zugesteht, die Norm
könne nicht ohne die Wirklichkeit auskommen.

Die Bemühungen, diesen nicht aufgehobenen Dualismus durch so
allgemeine Formeln, wie die der Forderung nach dialektischer oder
korrelativer Zuordnung von Norm und Wirklichkeit zu überbrücken[30],
hat wenig Aussicht auf Erfolg. Auch die von Forsthoff[31] postulierte
„Eröffnung gegenüber der Wirklichkeit als der Realität der gegebenen
Zustände", zu der ein institutionelles Denken hindränge, steht in der
Allgemeinheit der Formulierung den übrigen Aussagen nicht nach.
Dasselbe gilt von der stark strapazierten Dialektik, namentlich dort, wo
sie nicht genau präzisiert wird, sondern als austauschbare Formel verwendet wird. Ehmke[32] hat nachgewiesen, daß Schindlers angeblich
dialektisches Denken gerade nicht dialektisch war.

Es ist sicher richtig, im Dienste optimaler Rationalisierbarkeit jede
Verfassungsnorm auf ihren Aussagegehalt und ihren Verweisungs-

---

27 *Heller*, Staatslehre, S. 187 f.

28 *Schindler*, Verfassungsrecht und soziale Struktur, S. 62.

29 *Schindler*, a.a.O., S. 62.

30 So bei *E. Kaufmann*, Das Wesen des Völkerrechts, S. 107, 125 f., 129 f.;
H. Heller, Staatslehre, S. 184 f.; *Leibholz*, Strukturprobleme, S. 280; *Hesse*,
Normativität, S. 9; *Häberle*, Wesensgehaltgarantie, S. 109 ff., 11, 214.

31 *Forsthoff*, Verwaltungsrecht, Allgem. Teil, S. 161.

32 *Ehmke*, Verfassungsänderung, S. 69; ferner *Bäumlin*, Staat, Recht und
Geschichte, S. 65.

charakter zu erfragen[33]. Normativität erschöpft sich aber nicht in selbständiger Begriffsschöpfung[34]. Mit dieser „Begrifflichkeit" läßt sich
zwar mitunter logisch deduzieren und begrifflich argumentieren, der
Zugang zu einer normativ erfragten und geleiteten Sachstruktur wird
damit nicht gewonnen. Wie die Norm legitimerweise von bestimmten
sozialen Strukturen geprägt wird, muß bei einem rein begrifflichen
Denken offenbleiben[35].

Nicht weiter führt der Versuch von Leibholz, in Begriffen wie Staat,
Verfassung und Demokratie eindeutige, nur in gewissen Grenzen
variable Größen zu sehen, die durch eine phänomenologische Wesensschau zu ermitteln seien[36]. Die Rezeption der Wirklichkeit finde dort
eine Grenze, wo der phänomenologisch und geistesgeschichtlich ermit-
telte Sinn einer Norm pervertiert würde[37]. Abgesehen von dem frag-
würdigen Begriffserkenntnisverfahren, das überwiegend unter dem
Einfluß metaphysisch gebundener Irrationalität steht, wird die Frage
wie und wann der politische und soziale Hintergrund für das Verfassungsrecht aktuell wird, welche überprüfbaren Hilfsgesichtspunkte
bestehen, um das Recht, das „nicht nur der Sollens-, sondern zugleich
auch entscheidend der Seinssphäre verhaftet" ist, zu konkretisieren,
gar nicht gestellt. Statt die Struktur positiv-rechtlicher Normen praktisch brauchbar zu erfassen, weicht Leibholz auf eine Methode „mate-
rial-intuitiver Schauung in synoptischer Analyse"[38], mit ihrem Anspruch
auf materiale Evidenz aus[39].

Um hier einem naheliegenden Mißverständnis vorzubeugen, sei betont, daß das Primat des Sollens gegenüber dem des Seins nicht geleugnet wird. Gerade die hier akzentuierte Normativität des Rechts
verlangt, das Recht als ein Sollen zu begreifen. Diese normative Methode schwebt freilich nicht im luftleeren Raum eines reinen, seins-
unabhängig gedachten Sollens, sondern geht von der relativen Eigenständigkeit der Sollenssphäre eben deshalb aus, weil es das Richtmaß
für das Seiende abgeben soll. Die Kritik an der Rechtstheorie bleibt

---

[33] Insoweit ist *Leisner* durchaus zu folgen.

[34] Vgl. *Leisner*, DÖV 1961, S. 641 ff., 648.

[35] Hierzu etwa *H. Krüger*, DVBl. 1961, S. 685 ff., 688, „es sei fraglich, inwie-
weit Wesen und Tendenz der Wirklichkeit maßgebend sein soll"; *Häberle*,
DVBl. 1965, S. 788 f., das bei den Grundrechten entwickelte institutionelle
Denken müsse sich „der Wirklichkeit" öffnen; ferner *Ballweg*, Zu einer
Lehre von der „Natur der Sache", S. 35, Wirklichkeit sei ein „rechtspolitisches
Regulativ"; dagegen mit Recht *Lerche*, Der Staat, Bd. I, S. 117 ff., 118, 119.

[36] *Leibholz*, Strukturprobleme, S. 262 ff., 268, 277 ff.

[37] *Leibholz*, a.a.O., S. 280.

[38] *Leibholz*, a.a.O., S. 270 f.

[39] *Scheuerle*, AcP 163, S. 439 ff. hält die phänomenologische Wesensschau
grundsätzlich mit dem Rechtsstaatsprinzip für unvereinbar.

deshalb ungeschmälert, welche die in aller Regel rechtlich vorgeformte Wirklichkeit zum Gegenstand der Norm, zum außernormativen Element erklärt. Durch das — hier noch näher zu erläuternde — Verständnis der Rechtsnorm, das den jeweils von der Norm angesprochenen Ausschnitt der sozialen Wirklichkeit in diese selbst einbezieht, soll einerseits der Vorrang der normativen Steuerungsfunktion gewahrt bleiben, andererseits der unfruchtbare Dualismus zwischen Sein und Sollen überwunden werden, um zu konkreteren Orientierungspunkten für die Praxis zu gelangen, als dies bisher möglich war.

2. Die hermeneutische Fragestellung

Ziel dieser Untersuchung ist es, verfassungstheoretisch begründete und für die Praxis brauchbare Hilfsgesichtspunkte zu finden, welche die Konkretisierung der Verfassung rational nachprüfbar und diskutierbar macht. Denn nur ein solches Verfahren bietet hinreichende Aussicht, den Anteil des Unterverfassungsrechtlichen sichtbar und damit kontrollierbar zu machen. Dabei ist jede, sei es nun ontologisch, soziologisch oder normlogistisch-positivistische Vereinseitigung im Ausgangspunkt ungeeignet, dem Verhältnis von Verfassungsnorm und Wirklichkeit und damit dem von Verfassung zu Gesetz gerecht zu werden. Aber auch ein Methodensynkretismus polarer, korrelativer oder dialektischer Zuordnung ist nicht imstande, die verabsolutierten Größen Verfassungsnorm—Wirklichkeit aufzuschlüsseln und in ihre Bestandteile zu zergliedern. Die abstrakte Fragestellung läßt von vornherein keine konkreten Ergebnisse zu. Demgegenüber soll hier ein Normverständnis dargelegt werden, das auf jede abstrahierende Ausgangslage verzichtet, die „Wirklichkeit" nicht als Grenze oder Korrektur einer durch begriffliches Argumentieren gewonnenen Konkretion, sondern als integralen Bestandteil der Norm selbst begreift. Wirklichkeit ist damit nicht Gegenstand, sondern jeweiliger Inhalt der einzelnen Rechtsnormen. Von hier aus soll die Funktion des Gesetzes in der Verfassung, sei es als ihr rezipierter Inhalt einzelner Begriffe oder als „Grenze" oder „Schranke" einer Grundrechtsgewährleistung, sichtbar gemacht werden[40]. Das Bemühen um eine weitgehend rationale Kon-

---

[40] Hierzu *Engisch*, Konkretisierung, S. 97; *Fr. Müller*, Normstruktur und Normativität, dem diese Konzeption im Grundsätzlichen weitgehend angelehnt ist; ferner *Krawietz*, Das positive Recht, der den funktionellen Aspekt des Rechts in den Vordergrund stellt (S. 39 ff.), der als soziales Kontrollmittel den unfruchtbaren Dualismus von Sein und Sollen überwinden soll (S. 46). Krawietz gelingt es aber nicht, die abstrakten Kategorien von Sein und Sollen aufzulösen. Er entgeht zwar der reinen Imperativtheorie Kelsens, indem er die Rechtsnorm nicht als ein Sollen für Sich, sondern ein Sollen für Etwas begreift (S. 71). Wie aber dieses „Etwas" hermeneutisch erfaßbar sein soll, kann Krawietz nicht erklären. Im Grunde genommen werden

trolle soll gerade dem von Leisner befürchteten „Kryptocharakter" einer gesetzlichen Unterwanderung der Verfassung entgegenwirken und durch eine Typisierung der Grundrechte über die Feststellung der gegenseitigen Stützung und Absicherung von Verfassung und Gesetz hinausgelangen[41].

a) Topik und Vorverständnis in der Rechtsanwendung

Als Kern der Einheit der Rechtsordnung wurde festgestellt, daß Verfassungsrecht die Struktur allen Rechts teilt. Folglich kann sie auch nicht dessen Methoden unberücksichtigt lassen. Deshalb ist der Stand der derzeitigen Methodendiskussion kurz darzustellen. Die Beziehung von Gegenstand und Methode kann nicht auffälliger demonstriert werden, als in dem Verhältnis des gewandelten Normverständnisses zu ihren Methoden in der Rechtswissenschaft. Diese Arbeit kann sich hier nicht kritisch mit der nahezu unerschöpflichen Diskussion über die Auslegungslehre auseinandersetzen. Hier soll lediglich auf Grundlagen und Wesensmerkmale der heutigen Gesetzeskonkretisierung hingewiesen werden, die ein gewandeltes Normverständnis sichtbar werden lassen, welches auf die Verfassungsinterpretation nicht ohne Einfluß bleiben kann.

Positivistischem Normverständnis entsprechend ist die Rechtsnorm ein Willensakt, ein Befehl des Gesetzgebers, der nur des Hinzukommens eines entsprechenden Substrates bedarf, um sich zu vollenden. Norminterpretation konnte folglich nur in einem möglichst exakten Nachvollzug des vom historischen Gesetzgeber Gedachten bestehen. Daran entfachte sich ein vom heutigen Standpunkt aus gesehen unfruchtbarer Streit über Rangfolge der von Savigny aufgestellten canones zur Interpretation. Demgegenüber steht die moderne Diskussion unter dem Zeichen einer Abkehr vom „Systemdenken" und einer Hinwendung zum „Problemdenken"[42]. Juristische Hermeneutik steht nicht mehr in der Bindung einer feststehenden Methodik, sondern versteht sich als Funktion im Dienste der Rechts„anwendung"[43]. Von einem Wiederaufleben des historischen Methodenstreits zwischen Freirechts-

---

auch hier nur die abstrakt polaren Größen „Sein" und „Sollen" durch einen Bezugsbegriff verbunden. Der hermeneutische Wert seiner Aussagen entspricht denen, die eine „dialektische oder korrelative Zuordnung von Sein und Sollen" fordern.

[41] So *Häberle*, Wesensgehaltgarantie, S. 52, 210; *E. v. Hippel*, Grenzen der Grundrechte, S. 52.

[42] Vgl. *Esser*, Grundsatz und Norm, S. 26 ff.; *Wieacker*, Gesetz und Richterkunst, S. 12 ff.; *Ehmke*, Verfassungsinterpretation, VVStRL 20, S. 53, 62.

[43] Ansätze hierfür, jedoch in der Kritik am Positivismus zu weitgehend, *v. Bülow*, Gesetz und Richteramt; *Isay*, Rechtsnorm und Entscheidung.

schule[44] und Positivismus kann nicht die Rede sein, da sich die neuere Interpretation als von der Sache her bestimmt versteht. Die überkommene Vorstellung, Normanwendung bestehe in der „Aktualisierung eines in der Gesetzesnorm gegebenen hypothetischen Urteils durch Subsumption eines Streittatbestandes unter dem Bedingungssatz der Norm"[45], dürfte endgültig der Vergangenheit angehören.

Maßgeblich wurde dieser Wandel in den Interpretationsgrundlagen von der Erkenntnis getragen, daß die Rechtswissenschaft unter den interpretierenden Wissenschaften eine Sonderstellung als praktisch angewandte einnehme. Damit wird entgegen allen Höhenflügen in der Vergangenheit die Aufgabe der Jurisprudenz auf ihre eigentliche Funktion zurechtgerückt, nämlich Hilfsgesichtspunkte für eine sachgerechte praktische Entscheidung zu finden. Von diesem Standpunkt aus ist die Rangfolge der herkömmlichen Methoden gänzlich sekundär. Denn sie sind keine vom Positivismus zur Absolutheit erhobene Größen mehr[46], sondern Hilfsgesichtspunkte zur Auffindung einer der Sache angemessenen Entscheidung, von denen diejenige den Vorzug verdient, die diesem Ziel am nächsten kommt[47]. Die Norm, so wie sie im Normtext zum Ausdruck kommt, ist nicht fertig anwendbar, sondern vollendet sich erst in der konkreten Entscheidung. A. Kaufmann hat dies so formuliert: „Rechtsfindung ist ein In-die-Entsprechung-Bringen, eine Angleichung, eine Assimilation von Sachverhalt und Norm[48]." Das maßgebliche Kriterium für die „Richtigkeit" einer Entscheidung liegt bei seinem „Lebenswert", nicht in lückenlosen, formal-logischen Deduktionen. Überhaupt wurde der Wert der Logik für die Jurisprudenz lange Zeit überschätzt. Dessen Möglichkeiten sind begrenzt[49]. Abgesehen davon, daß die sprachliche Gestalt der Rechtsnormen nur geringen Ansatz für formal-logische Operationen bieten, sind logische

---

[44] Sie findet — wohl nicht zufällig — Interesse in der neueren rechtstheoretischen Darstellung, wie bei *Fuchs* (Gerechtigkeitsdenken) und *Kontorowicz* (Rechtswissenschaft und Soziologie, S. 62).

[45] Zit. bei *Wieacker*, Gesetz und Richterkunst, S. 5 f.

[46] Hierzu *Graf zu Pestalozza*, Der Staat, 1963, S. 449; der von der Gerichtspraxis gegen die Lehre erhobene Vorwurf „grundsätzlicher Grundsatzlosigkeit" zeigt, wieweit sich die Methodologie von ihrer ursprünglichen Funktion entfernt hat und zum Selbstzweck geworden ist, hierzu *Heck*, Gesetzesauslegung und Interessenjurisprudenz, S. 3; *Schwinge*, Der Methodenstreit in der heutigen Rechtswissenschaft, S. 26 f.

[47] So *Zippelius*, Wertungsprobleme, S. 79 ff.; *Jesch*, Gesetz und Verwaltung, S. 37; *Rupp*, Grundfragen, S. 141; *Hüttl*, DVBl. 1965, S. 62.

[48] *A. Kaufmann*, JuS 1965, S. 7.

[49] Hierzu *A. Kaufmann*, Gesetz und Recht, in Existenz und Ordnung, S. 357 ff.; vor allem *Engisch*, Aufgaben einer Logik und Methodik des juristischen Denkens, in: Studium Generale 1959, S. 76 ff.; für das Zivilrecht *Esser*, Wertung, Konstruktion und Argument, S. 14 ff., 20 ff.

Schritte bei einer rechtlichen Entscheidung nur dann möglich, wenn dessen sachlicher Gehalt erarbeitet ist, der selbst gerade nicht durch Formallogik gewonnen werden kann.

b) Hinwendung zum Problemdenken als Ausdruck eines gewandelten Normverständnisses

Die Hinwendung zum Problemdenken im hermeneutischen Geschäft ist auf ein gewandeltes Normverständnis in der Theorie zurückzuführen. Eine bestimmte, meist axiologische Vorstellung vom Wesen des Rechts bestimmte seit jeher die Art der Methode. So mußte der Positivismus, der die Norm als einen Befehl des Gesetzgebers ansah, sich folgerichtig bei der Normanwendung an den historischen Willen des Gesetzgebers halten[50], während die objektiven Erkenntnistheorien im Gesetz nicht eine Willensäußerung des Gesetzgebers, sondern eine „zu Form gewordene ratio"[51] sehen, die es in der konkreten Entscheidung nachzuvollziehen gilt[52]. Den historisch gewordenen Streit zu vertiefen, ist müßig. Wesentlich ist die Erkenntnis, daß beide Theorien von einem vorgefaßten, fixierten Gesetzesverständnis ausgehen, die die Lebenswirklichkeit, die es gerade zu erfassen gilt, zur Randerscheinung macht. Bei ihrer konsequenten Anwendung können sie nicht einmal zu der Fragestellung kommen, ob die Entscheidung lebensnah ist, ob sie gewandelten Gesellschaftsstrukturen Rechnung trägt. Beide Erkenntnistheorien unterliegen aus heutiger Sicht dem Grundirrtum, das Recht als etwas Vorgegebenes, In-sich-Ruhendes zu behandeln, was wiederum in der Trennung von Norm und Wirklichkeit begründet ist. Deshalb kann nur eine Rechtsauffassung, die sich nicht als eine fixierte statische Sollensordnung begreift, sondern deren Normen erst in der konkreten Entscheidung als vollendet ansieht[53], ihrer spezifischen Funktion gerecht werden, als „Gebilde und Regulator"[54] des sozialen Lebens zu wirken.

---

[50] Zum Ursprung und Inhalt der subjektiven Theorie *Keller*, Die Kritik, Korrektur und Interpretation des Gesetzeswortlauts, S. 88; *Enneccerus-Nipperdey*, K., Allg. Teil, S. 324; zur „Imperativ-Theorie" vgl. *German*, Methodische Grundfragen, S. 23 ff.

[51] Vgl. *Scheuner*, Grundfragen des modernen Staates, in: Recht, Staat und Wirtschaft, III, S. 138.

[52] Zur objektiven Erkenntnistheorie *Sauer*, Juristische Elementarlehre, S. 18; *Bartholomeyczik*, Die Kunst der Gesetzesauslegung, S. 43 ff.

[53] So bereits in der älteren Literatur *Wach*, Handbuch des deutschen Civilprozeßrechts, 1885 I, S. 257, „das Gesetz ist ein fortdauernder, Geltung beanspruchender Wille, eine konstant lebendige Kraft", i. d. S. *Bülow*, Gesetz und Richteramt, S. 3, 14 f.; in der neueren Literatur grundlegend *Esser*, Grundsatz und Norm; *Gadamer*, Wahrheit und Methode; *Viehweg*, Topik und Jurisprudenz; *Larenz*, Methodenlehre, S. 277 ff. und *Horn*, Die Topiklehre Viehwegs, NJW 1967, S. 601.

[54] So *Rupp*, Grundfragen, S. 141.

Das konkret geltende Recht ist aus einem Zusammenwirken von Sachverhalt und abstraktem Rechtssatz zu ermitteln. Weder steckt im abstrakten Rechtssatz das fertige Urteil, so daß etwa nur die richtige Taste gedrückt werden müßte, um es auszulösen, noch ist die Norm — dies ist der Irrtum der Freirechtsschule — fertig im Sachverhalt „verpackt", so daß sich jede Rechtsentscheidung in einer Sachverhaltsanalyse erschöpft.

Engisch spricht von einer „ständigen Wechselwirkung", von einem „Hin- und Herwandern des Blicks"[55] zwischen abstraktem Rechtssatz und dem Lebenssachverhalt, welche die Norm bestimmen. Viehweg sieht das Ziel der Rechtsfindung in einem „unablässigen Suchen nach dem jeweils Gerechten, aus dem das positive Recht erst entspringt, und das sich an Hand des positiven Rechts fortsetzt"[56].

Daraus ergeben sich wichtige praktische Folgerungen. Das gleichwertige Zusammenspiel von Rechtssatz und Sachverhalt in der Rechtsfindung muß Diskrepanzen zwischen Rechtsleben und Lebenswirklichkeit ausschließen, indem diese das Recht zeitnahen Wertvorstellungen öffnet. Zugleich vermeidet sie jede Verdinglichung und Verabsolutierung der Erkenntnismittel. Die Frage nach der richtigen Methode ist nicht mehr relevant. Von einer am Sachproblem orientierten Hermeneutik lassen sich keine vorgefaßten Regeln über Berechtigung und Rangfolge einer Interpretationsmethode aufstellen[57]. Die Auswechselbarkeit, die bis zum völligen Zurücktreten einzelner Kriterien reichen kann, verträgt keine methodische Verabsolutierung. Was im konkreten Fall rechtens ist, durchläuft einen mehrstufigen Prozeß, stellt also ein topisches Verfahren dar[58]. Damit ist zwar der Glaube an ein hierarchisch gegliedertes, festgefügtes Methodengebäude endgültig zerstört, zugleich ist aber die Erfassung des Entscheidungsprozesses bescheidener und ehrlicher geworden[59].

Wichtiger für die theoretische Grundlegung ist die Einsicht, daß die Wirklichkeit nicht Grenze, Gegenstand, „rechtspolitischer Regulator", sondern integraler Bestandteil der Norm ist. Das ist gegenüber der „korrelativen oder dialektischen Zuordnung von Norm und Wirklichkeit" nicht bloß ein sprachlicher, sondern ein sachlicher Unterschied. Diese an Hand des einfachen Gesetzesrechts entwickelte Struktur der

---

[55] *Engisch*, Logische Studien zur Gesetzesanwendung, S. 15.

[56] *Th. Viehweg*, Topik und Jurisprudenz, S. 63.

[57] So *Ehmke*, VVStRL 20, S. 53, 59; *Coing*, Die juristischen Auslegungsmethoden, S. 22 f.; *Larenz*, Methodenlehre, S. 241 ff.

[58] Grundlegend hierzu *Viehweg*, Topik und Jurisprudenz, S. 15 ff.; *Esser*, Grundsatz und Norm, S. 26 ff.; ferner *Zippelius*, Wertungsprobleme, S. 79 ff.

[59] *Müller*, Normativität, S. 47.

Rechtsnormen gilt in gleicher Weise für das Verfassungsrecht. Formulierungen wie „strukturelle Offenheit der Verfassung" oder „generalklauselartige Weite"[60] deuten darauf hin.

c) Weitgehende Rationalität als Leitgedanken der Verfassungskonkretisierung

Die Erkenntnis, daß die Verfassungsnorm sich erst in der konkreten Entscheidung vollendet, genauer, daß der vom normativen Leitgedanken erfaßte Ausschnitt der Wirklichkeit ihr Konstituens ist, geht über die bündige Feststellung hinaus, Verfassungsnormen seien im besonderen Maße konkretisierungsbedürftig[61].

Während letztere Aussage die Frage, ob und wie der Konkretisierungsvorgang sich vollzieht, offenlassen muß bzw. fühlt, daß „gewisse Tendenzen der Wirklichkeit"[62] nicht außer Betracht bleiben dürften, ist mit der hier vertretenen Ansicht ein stabiler Anhaltspunkt im Rechtsfindungsprozeß gewonnen. Dabei darf sie jedoch nicht stehenbleiben. Sie muß von dem Leitgedanken getragen sein, daß sich Rechtskonkretisierung unter möglichst weitgehender Rationalität zu vollziehen habe. Der Kern des Rechtsstaatsgedankens fordert, daß staatliches Handeln — nämlich Gesetzgebung, Verwaltungshandeln und richterliche Urteilsfindung — berechenbar bleiben muß[63]. Berechenbarkeit läßt sich aber nicht durch ein pauschalierendes, irrationales Wertdenken erreichen, sondern nur dadurch, daß man den Konkretisierungsvorgang möglichst weitgehend in seine Bestandteile zerlegt, diese umschreibt und damit einsehbar und diskutierbar macht. Daß diese Rationalität mit formaler Logik nichts gemeinsam hat, ist offensichtlich. Die Forderung nach optimaler Nachprüfbarkeit scheint aber sehr bald seine Grenze an dem jeder Rechtsindividualisierung wesenhaften Wertungsprozeß zu finden[64].

d) Wertung und Rationalität im Erkenntnisprozeß

Hier ist eine Klarstellung in zweifacher Hinsicht geboten. Einmal ist der Begriff des Wertes im juristischen Sprachgebrauch, zum anderen

---

[60] Vgl. *Häberle*, Wesensgehaltgarantie, S. 191; ders., in: AöR 90, S. 117 ff., 120; *E. v. Hippel*, Grenzen der Grundrechte, S. 15.

[61] So *Wintrich*, Zur Problematik der Grundrechte, S. 15; *Lerche*, Übermaß, S. 98 ff.

[62] *H. Krüger*, Verfassungsauslegung und Verfassungsänderung, DÖV 1961, S. 685 ff., 688.

[63] So *Lerche*, Übermaß, S. 58; *Rupp*, Grundfragen, S. 186; BVerfGE 8, S. 274, LS Nr. 7.

[64] Vgl. *Esser*, Wertung, Konstruktion und Urteil, S. 15; *Engisch*, Konkretisierung, S. 107.

sein Verhältnis zur Rationalität näher zu bestimmen. Die Meinung, die Grundrechte der Verfassung haben eine Wertordnung oder gar ein Wertsystem geschaffen, ist seit R. Smend[65] zum maßgeblichen Erkenntnisprinzip geworden[66]. In der Regel geben die Autoren keine nähere Definition des von ihnen verwendeten Wertbegriffs[67]. Zippelius hat das Wertproblem im Verfassungsrecht näher untersucht[68], um ein Richtmaß rechtsethischer Normen für die Wertentscheidungen in der Rechtsprechung zu finden[69]. Mit Recht verneint er die Übernahme der materialen Wertlehre K. Schelers und N. Hartmanns für die Rechtswissenschaft[70]. Denn das An-sich-Sein der Werte, ihre Unabhängigkeit von der Existenz der sie begreifenden Wesen, ihr Sein in einer idealen Sphäre[71] braucht nicht auf Einwände hin überprüft zu werden[72], da ein juristischer Wertbegriff auf Realisierung hin angelegt sein muß. Ein mehr geglaubter als begründeter Werthimmel übersteigt aber die Grenzen rechtlicher Objektivität[73]. Zippelius kommt zu dem Ergebnis, weder eine angebliche Apriorität und Objektivität der Werte, noch die Theorie des objektiven Geistes vermag ein geschlossenes objektives Wertsystem zu sichern[74], sondern alle inhaltliche Werterkenntnis sei auf Werterfahrung angewiesen. Diese Erfahrung sei nur durch „Akte intentionalen Fühlens, Vollziehens und Nachsetzens" erfaßbar[75], deren Aktualität sich der kontrollierenden Rationalität entziehe[76]. Damit werde eine Unschärfe in jede Werterfahrung hineingetragen. Die Grenze der Justiziabilität liege dort, wo eindeutige, allgemeine Wertvorstellungen nicht mehr festgestellt werden könnten. Diese Analyse läßt an der Orientierung Häberles am objektiven Wertsystem der Ver-

---

[65] R. Smend, Verfassung und Verfassungsrecht, in: Staatsrechtliche Abhandlungen, S. 265, „Ganz abgesehen von aller positiven Rechtsgeltung proklamieren die Grundrechte ein bestimmtes Kultur- und Wertsystem, das der Sinn des von der Verfassung konstituierten Staatslebens sein soll".

[66] Statt vieler Maunz-Dürig, Rdnr. 5 ff. zu Art. 1 Abs. 1 GG; Klein, K., S. 147; BVerfGE 1, S. 204 f.; 7, S. 194, 199.

[67] Maunz-Dürig, Rdnr. 1 zu Art. 1 Abs. 1 GG anerkennt, daß die positivrechtliche Erfassung der Menschenwürde als oberster Rechtswert Schwierigkeiten bereitet; i. d. S. auch Wintrich, Zur Problematik der Grundrechte, S. 13 f.

[68] Zippelius, Wertungsprobleme.

[69] Zippelius, a.a.O., S. 11.

[70] Zippelius, a.a.O., S. 113 f.

[71] N. Hartmann, Ethik, S. 170 ff.; Scheler, Der Formalismus in der Ethik und die materiale Wertethik, S. 66, 72.

[72] Zur Kritik Weischedel, Recht und Ethik, S. 26.

[73] Vgl. Krawietz, Das positive Recht, S. 91.

[74] Zippelius, a.a.O., S. 160.

[75] Zippelius, a.a.O., S. 125.

[76] Zippelius, a.a.O., S. 129.

fassung als einer „absoluten Sicherung der Grundrechte" zweifeln[77]; zumal in einem Statswesen, dessen Pluralität der Interessen und Meinungen schlechthin konstituierend ist[78], in dem deshalb nur über einen bescheidenen Grundstock von Wertungsfragen ein consensus omnium zu erzielen sein dürfte.

Die Kritik an Zippelius hat bei seiner grundlegenden These anzusetzen, Grundrechte seien Ausdruck von letztlich nur spekulativ erfaßbaren Werten. Gewiß muß jede Norm sachbestimmt sein, soll sie überhaupt spezifisch rechtliche Normativität entfalten können. Doch so sehr die Sachgeprägtheit des Verfassungsrechts unbestritten ist, so wenig zwingt dies zu dem Schluß, ein philosophisch ausgerichtetes Wertsystem axiomatisch hineinzuinterpretieren[79].

Die Verwendung des Wertbegriffs in der Rechtsprechung des Bundesverfassungsgerichts[80] ist mangels eines formallogischen oder naturrechtlichen Systems nicht als Ausdruck für einen bestimmten außerrechtlichen Wertbegriff zu verstehen, sondern lediglich als eine auswechselbare Wortwahl im Sinne von Rechtsgut[81]. In einem ähnlichen Sinn versteht auch Rudolf Smend den Wertbegriff[82]. Nur war es die schillernde Unbestimmtheit, die diesen in der Folgezeit zu einem Problem der allgemeinen Philosophie werden ließ.

Mit der Funktion der Rechtsnormen, die Sozialordnung zu gestalten[83], ist der Wertungs- und Entscheidungscharakter des Rechts untrennbar verbunden. Aber so wenig die gesetzlichen Materien ausschließlich irrational erfahrbar sind, so wenig sind sie ausschließlich rational determiniert. Beide Faktoren treten in einem unterschiedlichen Mischungsverhältnis auf. Aus der Unmöglichkeit gänzlicher Rationali-

---

[77] *Häberle*, Wesensgehaltgarantie, S. 39 ff.

[78] *Fraenkel*, Deutschland und die westlichen Demokratien, S. 41, 65, 66.

[79] So *Ehmke*, VVStRL 20, S. 53, 77; *Rupp*, Grundfragen, S. 242, „das Recht ist niemals identisch mit letzten Werten, sondern Instrumentarium zum Schutz bestimmter Werte"; *Lerche*, Übermaß, S. 126 bezeichnet ein Wertsystem, das die Grundrechte überlagern soll, als eine unbewiesene Vorstellung; ferner *Forsthoff*, Die Umbildung des Verfassungsstaates, in: Rechtsstaat im Wandel, S. 152 f.

[80] BVerfGE 7, S. 198 ff.; 7, S. 377 ff.

[81] In E. 7, S. 198, 207, 210 und 7, S. 377, 405 verwendet es wahlweise „Werte", „Rechtsgüter" und „Interessen", ohne einen terminologischen Unterschied zu machen.

[82] *R. Smend*, Das Recht der freien Meinungsäußerung, in: Staatsrechtliche Abhandlungen, S. 89 ff., 92; zu dem gesamten Komplex vor allem *Hollerbach*, AöR 85, S. 241 ff., 255: „Wertsystem" meine nicht einen abstrakten, kryptonaturrechtlichen, nach bestimmten Gesetzen und Notwendigkeiten funktionierenden Schematismus von intransingenter Geschlossenheit.

[83] *Fr. Müller*, Normativität, S. 170 f.; *Krawietz*, Das positive Recht, S. 18 ff.; *Esser*, Wertung, Konstruktion und Urteil, S. 8 ff., 12.

tät folgt aber die Notwendigkeit ihrer optimalen Verwirklichung. Da Wertungen in einem Abwägen verschiedener relevanter Faktoren bestehen, beansprucht Rationalität, ihre Grundlagen und einzelnen Schritte aufzuzeigen und diskutierbar zu machen[84]. Rationalität und Wertung markieren damit nicht zwei getrennte Ebenen in der juristischen Hermeneutik. Sie müssen sich, um der Kontrollierbarkeit der Entscheidungen willen, weitmöglichst decken.

3. „Normative Leitgedanken" und „Normbereich" als hermeneutische Hilfsgesichtspunkte für die Konkretisierung von Verfassungsnormen

Wurde Rationalität als möglichst weitgehender Zwang zur Offenlegung der Rechtsentscheidungen verstanden, so bedarf sie hierzu zahlreicher Hilfsgesichtspunkte, an denen sich der Entscheidungsprozeß ausrichten kann. Deren Zusammenfassung in „Normbereich" und „normative Leitgedanken"[85] scheint die sprachlich angemessene Umschreibung ihrer Funktionen zu sein. Beide Begriffe bedürfen der näheren Darstellung.

Unter Normbereich ist hier, ähnlich wie der „Lebensbereich" in der Rechtsprechung des Bundesverfassungsgerichts[86], ein „als realmöglich formulierter Komplex von aus der Realität gewonnener Strukturelementen" zu verstehen, „die in aller Regel schon traditionell rechtlich geformt oder mitgeformt erscheinen"[87] und von dem Leitgedanken der Norm gesteuert und begrenzt werden. Dies mag an einigen Beispielen erläutert werden. Hierzu eignen sich in erster Linie Grundrechte, die einen umfangreichen Normbereich aufweisen, den sie einer starken historischen Gesetzesgeprägtheit verdanken. Dies trifft in den Fällen zu, in denen es der Verfassungsgeber dem einfachen Gesetzgeber überließ, Grundrechte inhaltlich auszugestalten, wie etwa in Art. 14 Abs. 2 S. 1 und Art. 12 Abs. 2 S. 2 GG.

Die Struktur des Normbereichs der Berufsfreiheit ist weitgehend an Hand der Gegebenheiten historischer Wandlungen der einzelnen Berufsbilder zu ermitteln[88]. Das gleiche läßt sich entsprechend von

---

[84] *Fr. Müller*, Normativität, S. 71.

[85] Die beiden Termini sind von *Müller*, Normativität, S. 184 ff. übernommen.

[86] Der Begriff des Lebensbereichs findet sich vor allem in der Rechtsprechung des BVerfG zu Art. 3 Abs. 1 GG, vgl. E. 1, S. 14, 52; 1, S. 264, 276; 2, S. 118, 119; 12, S. 343, 348.

[87] So *Müller*, Normativität, S. 187.

[88] Vgl. hierzu die umfangreiche Rechtsprechung des BVerfG: in E. 7, S. 377 ff. stellt es genaue Ermittlungen an, inwieweit eine Aufhebung der

der Eigentumsgarantie feststellen. Die Analyse tatsächlicher, mitunter rechtlich vorgeformter Sachstrukturen ist nur ein, wenn auch wesentlicher Teil, der Normkonkretisierung. Denn die Auswahl der das Urteil mitkonstituierenden Fakten und deren Analyse wird vom Normprogramm, d. h. der Summe der normativen Leitgedanken der jeweils angesprochenen Verfassungsnorm gesteuert. Normprogramm wird hier als zusammenfassende Abkürzung für die Summe der normativen Leitgedanken eines Verfassungssatzes verstanden, welche die Auswahl der topoi bestimmen, die zur Ermittlung des Sinngehalts des ihm zugehörigen Normbereichs erforderlich sind.

Es umschreibt die Zielsetzung des zu verwirklichenden Grundrechtsgehalts, wie etwa die Freiheit bestimmter grundrechtlicher Normbereiche oder die Gewährleistung gewisser Einrichtungen. Diese konkreten Leitgedanken sind weder mit einem die „Hierarchie der Werte" begründenden Leitmotiv[89] noch mit der von Häberle postulierten leitbildgerechten Grundrechtsausgestaltung durch den Gesetzgeber identisch[90], welche ihre Leitbilder aus dem allgemeinen verfassungsrechtlichen Vorverständnis beziehen. Die hier vertretene Vorstellung vom normativen Leitgedanken kann auch nicht mit dem „Leitgedanken" (guide) bei Esser[91] und den allgemeinen Rechtsgedanken (standards) bei Scheuner[92] gleichgesetzt werden.

Spezifische Sachgeprägtheit von Grundrechten ist nicht bloß empirische Wirklichkeitsanalyse in den Grenzen der normativen Leitgedanken, zu ihr gehören auch die unterverfassungsrechtlichen Normenkomplexe. Allerdings ist hier an kräftigen Unterscheidungen festzuhalten, die den vielfachen Bemühungen um eine Systematisierbarkeit der Grundrechte, wie auch dem Versuch, sie einseitig für eine gemeinschafts- und staatsbezogene Integration zu aktivieren, Grenzen setzen. Ohne bereits an dieser Stelle zu einer Typologisierung gelangen zu wollen, zeigen Normbereiche wie jene der Art. 4 Abs. 1, 5 Abs. 3, 6 Abs. 1 und 2 GG, daß sie sich nur schwerlich, wenn überhaupt, für eine staatliche Willensbildung politisieren lassen.

Bedürfnisklausel eine Zunahme von Konkurrenzapotheken und damit ein Absinken der Leistungsfähigkeit des Apothekenstandes zur Folge haben könnte. In E. 12, S. 144, 147 ff. analysiert es die tatsächlichen Verhältnisse des Zahnarztkassenwesens, vgl. ferner die Untersuchung des „Lebenssachverhalts Buchhandel" in E. 13, S. 237, 243 f., unter dem vergleichenden Aspekt mit dem Verbrauchsgüterhandel, ob die vorgegebenen Unterschiede so erheblich sind, daß sie in Hinblick auf Art. 3 Abs. 1 GG verschiedene Rechtsfolgen verlangen.

[89] Vgl. *Kronstein*, Rechtsauslegung im wertgebundenen Recht, S. 23, 26.

[90] *Häberle*, Wesensgehaltgarantie, S. 182.

[91] *Esser*, Grundsatz und Norm, S. 89.

[92] *Scheuner*, VVStRL 22, S. 96 f., LS II 14.

Mit der Gewährleistung von Glaube und Gewissen, künstlerischer und wissenschaftlicher Freiheit, Schule und Kirche, hat die Verfassung Gebilde rechtlich anerkannt, die nicht oder nur in einem geringen Grad rechtserzeugt sind. Dadurch wird die materiale Verfassungseinheit nicht in Frage gestellt[93]. Mit ihnen werden zwar keine privilegierten Reservate gegenüber der allgemeinen Rechtsordnung geschaffen, wohl aber ihre Sachbereiche verfassungsrechtlich anerkannt. Andererseits hat der Verfassungsgeber Grundrechte statuiert, die er zur Ausprägung und unmittelbaren oder mittelbaren Ausgestaltung dem Gesetzgeber überlassen hat. Mit den Art. 12 Abs. 1 S. 2 und Art. 14 Abs. 1 S. 2 GG ist dem einfachen Gesetzgeber die Aufstellung eines inhaltlichen Programms aufgetragen worden; durch Konstituierung „allgemeiner Gesetze" i. S. von Art. 5 Abs. 2 GG gestaltet er mittelbar den Inhalt von Meinungs- und Pressefreiheit. Dazwischen liegt eine Gruppe, wie Ehe und Familie, die zwar nicht rechtserzeugt sind, in Gegensatz aber zu Kunst und Wissenschaft einer rechtlichen Ausgestaltung teils zugänglich sind, teils einer solchen bedürfen.

Zu einer differenzierenden Sicht der Gesetzesvorbehalte bei den Grundrechten hat sich neuerdings auch Scheuner bekannt[94].

Scheuners Grundrechtsverständnis entspricht weitgehend der hier vertretenen Konzeption. Er verneint mit Recht ein den Grundrechten vorgegebenes System, das Art. 2 Abs. 1 GG in den Mittelpunkt stellt, aus dem sich die anderen Freiheitsverbürgungen ableiten lassen. Eigentum und Gleichheit sind nicht aus dem Freiheitsbegriff ableitbar. Scheuner ist vorbehaltlos zuzustimmen, wenn er die Grundrechte als besondere Verstärkung der Sicherung bestimmter menschlicher und sozialer Lebensbereiche versteht, die eine bestimmte Ausdehnung und damit auch eine innere Begrenzung hätten. Ihre Individualität schließe den Grundsatz der Ganzheit der Verfassungsauslegung nicht aus. Ihre Interpretation sei auf Harmonisierung und gegenseitige Ergänzung hin auszurichten, nicht aber auf Ergänzung durch ein vorausgesetzes Gesamtsystem. Die Sicht der Grundrechte, als besondere verfassungsrechtliche Sicherung bestimmter persönlicher Lebensbereiche und sozialer Ordnungen, verlange auch eine differenzierte Behandlung der Beziehung Grundrechtsnorm zu Gesetz, als dies bisher unter der Entgegensetzung von Grundrecht zu Gesetz der Fall gewesen sei. Zu weit ginge es allerdings, jedes Grundrecht unter einen allgemeinen Gesetzesvorbehalt zu stellen. Einwände gegen die Konzeption Scheuners müssen dort erhoben werden, wo er aus der Unmöglichkeit, die Grundrechte auf ein durchgehend einheitliches Prinzip zurückzuführen, eine Wert-

---

[93] *Müller*, a.a.O., S. 145, 220.
[94] *Scheuner*, VVStRL 22, S. 96, LS II Nr. 13.

abwägung zwischen den Grundrechten fordert (LS. II 10 S. 95). Einmal
mehr muß betont werden, daß eine „Wert- oder Güterabwägung" völlig
formal ist und selbst keinen normativen und regulierenden Maßstab
entfaltet. Das Güterabwägungsprinzip setzt diesen Maßstab, als in den
abzuwägenden Gütern enthalten, voraus. Damit muß Scheuner innerhalb der Grundrechte ein werthierarchisches System errichten und
widerspricht seinem eigenen Ansatz.

Trotz vieler Versuche ist es noch nicht gelungen, ein Wertsystem zu
entwickeln. Dürigs „Entwurf eines praktikablen Wertsystems der
Grundrechte" gelangt zu keinem System, sondern kommt nur zu
punktuellen Lösungen, die um Art. 1 Abs. 1 GG kreisen[95]. Die Aktualisierung der Menschenwürde für das Recht kann aber nicht einem
„Wertsystem der Grundrechte" gleichgesetzt werden[96]. Eine so allgemeine Faustregel, wie der Vorrang des „Geistigen" oder Immateriellen
vor dem „Ökonomischen und Materiellen"[97], verliert jede regulative
Substanz, wenn sie nicht verallgemeinerungsfähig ist, und doch der
Einzelfall entscheidend sein soll[98].

Die Kennzeichnung der Grundrechtsbereiche als eigenstrukturierte,
historische oder realmögliche Sachgehalte, die normativ überformt
sind, hält dem Einwand stand, Grundrechte würden damit zum Spiegelbild der sozialen Wirklichkeit degradiert.

Normative Leitgedanken und Normbereich dürfen nicht in einem
Über-Unterordnungsverhältnis stehend gedacht werden, denn jene
können nicht einem vorher isoliert ermittelten Normbereich auf-
oktroiert werden. Das Ergebnis einer Normbereichsermittlung kann
durchaus bestimmte Sinnvariationen von normativen Leitgedanken
deshalb ausschließen, weil sie dem konkreten Fall unangemessen sind.
Müller[99] greift hier als Beispiel Art. 5 Abs. 3 GG heraus. Werden auch
die einzelnen Elemente des Sachbereichs „Wissenschaft" von dem normativen Gedanken ihrer rechtlichen Freiheit gesteuert, so bleibt doch
die Gegenfrage notwendig, was „rechtliche Freiheit in bezug auf wissenschaftliche Produktivität, Meinungsäußerung und Unabhängigkeit
der Organisation heißen kann". Trotz des hermeneutischen Zirkels in
der Normstruktur ist eine Relativierung der grundrechtlichen Gel-

---

[95] *Dürig*, AöR 81, S. 117 ff.

[96] Vgl. hierzu *Bäumlin*, Staat, Recht und Geschichte, S. 12; *Hesse*, Grundzüge, S. 27, 118; *Lerche*, DVBl. 1961, S. 694.

[97] *Maunz-Dürig*, Fußn. 1 zu Rdnr. 13 bei Art. 2 Abs. 1 GG.

[98] So *Dürig*, DÖV 1958, S. 197; BVerfGE 7, S. 198 ff., 212; kritisch hierzu
Bettermann, JZ 1964, S. 602; *Lerche*, Grundrechte, Bd. IV/I, S. 474.

[99] *Müller*, a.a.O., S. 185.

tungssubstanz nicht zu befürchten[100]. Denn der jedem Grundrecht zugehörige Normbereich, der teils durch rein gesellschaftliche „außerrechtliche" Vorgänge erzeugt und von Verfassungs wegen anerkannt wird, teils durch Gesetzgebung geschaffen oder mitgeformt wurde, hat einen durchaus stabilen, wenn auch elastischen Kern. Die Sachstrukturen der einzelnen Normbereiche werden immer wandelbar bleiben. Das ist eine Folge der Geschichtlichkeit allen Rechts. Wollte man die Grundrechte auf einen historischen Zeitpunkt fixieren, würde man die Wandelbarkeit ihrer Normbereiche ausschließen und ihnen damit den Lebensfaden abschneiden. Deshalb ist die Forderung nach grundrechtlichen „Kernbereichen"[101] so bedenklich, weil ihnen ein statisch-verräumlichendes Denken zugrunde liegt.

Soweit diese Konzeption eine gesetzgeberische Ausgestaltungsfunktion einzelner Grundrechte anerkennt, wurde der Einwand erhoben, damit liefere man sie der jeweiligen parlamentarischen Mehrheit aus[102]. Dieses Argument läßt die durchaus behutsame und mitunter auch kräftige Abstufung der Schrankenvorbehalte außer acht, die eben bis zur inhaltlichen Ausgestaltung durch den einfachen Gesetzgeber reicht. Dieser Normsicht kann auch nicht entgegengehalten werden, sie gebe geltendes Verfassungsrecht als Ergebnis einer klugen Anpassung an die jeweilige soziale Wirklichkeit aus. Die Normbereichsanalyse wird durch ihre, wenn auch nicht unreflektierten Leitgedanken gesteuert

---

[100] Nach der Formel des BGH in DÖV 1955, S. 729 ff. wird ein Grundrecht nur dann in seinem Wesensgehalt angetastet, wenn durch den Eingriff die Geltung und Entfaltung des Grundrechts stärker eingeschränkt würde, als dies der sachliche Grund, der zu dem Eingriff geführt hat, unbedingt und zwingend gebietet; hierzu E. R. Huber, Der Streit um das Wirtschaftsverfassungsrecht, DÖV 1956, S. 97 ff., 135 ff., 172 ff., 200 ff.; H. Krüger, Der Wesensgehalt der Grundrechte im Sinne des Art. 19 Abs. 2 GG, DÖV 1955, S. 597 ff., 598; der BayVerfGH erklärt in E. n. F. 9 II 1, 10 und 9 II, S. 158, 174 unter Berufung auf H. Krüger, DVBl. 1950, S. 627 die Substanzgarantie des Art. 19 Abs. 2 GG zum Bestandteil der BV, in der sie nicht ausdrücklich aufgenommen wurde; vgl. ferner BVerwGE 1, S. 269, 272; in NJW 1955, S. 1773 und E. 4, S. 24, 36 f.; das BVerfG hat in E. 7, S. 377, 411 die Auffassungen beider Obergerichte zurückgewiesen. „Namentlich gehe es nicht an mit dem BVerwG anzunehmen, die unabweisbare Notwendigkeit einer gesetzlichen Maßnahme müsse deshalb geprüft werden, weil von ihrer Anerkennung die Zulässigkeit des Eingriffs in den Wesensgehalt eines Grundrechts abhänge ..." Aber auch der Auffassung des BGH kann sich das BVerfG nicht anschließen, weil es geeignet sei, den Wesensgehalt des Grundrechts zu relativieren.

[101] Leisner, Verfassungsmäßigkeit der Gesetze, S. 66; ders., Grundrechte und Privatrecht, S. 152 ff.

[102] So W. Schmidt, AöR 91, S. 42, 59 ff., dessen Kritik an Häberles pauschalierendem In-eins-Setzen von Inhalt und Schranken berechtigt ist. Andererseits ist auch Schmidts Grundrechtskonzeption, deren durchgehende inhaltliche Vorgegebenheit eine gewisse Nähe zu Leisner erkennen läßt, revisionsbedürftig.

und begrenzt. Sinn des Art. 12 GG war es beispielsweise, mit starken, durch die Berufsbildtheorie legitimierten Beschränkungen zu brechen[103]. Dessen Interpretation durch das Verfassungsgericht trug wesentlich zu einem vom „freien Spiel der Kräfte" und dem vom Konkurrenzgedanken beherrschten Wirtschaftsbild bei.

Die Sachgeprägtheit der Grundrechte führt zu weiteren verfassungstheoretischen Aussagen. Das Verständnis der Normativität als eine zumindest real mögliche, vom normativen Leitgedanken beherrschte eigenständige Sachstruktur des persönlichen oder sozialen Lebens, muß eine gleichmäßig grundlegende Bedeutung für das gesamte Staatswesen entwickeln. Die Ableitung der primären Staatsgerichtetheit der Grundrechte aus ihrer geistesgeschichtlichen Entwicklung[104] muß für die heutige Grundrechtskonkretisierung nicht mehr zwingend verbindlich sein. Mit der Vorstellung der Grundrechte als Abwehrrechte gegen den Staat ist diejenige stark verbunden, historische Freiheitsrechte würden einen natürlichen Raum schützen, in dem ein staatliches Eindringen verboten sei[105]. Die weitgehende rechtliche Vorformung der grundrechtlichen Normbereiche verträgt sich aber nicht mit irgendwelchen fragilen, „außerrechtlich" angesiedelten natürlichen Freiheitsräumen.

Die an Hand der Grundrechte entwickelte Normstruktur ist keineswegs eine darauf beschränkte Besonderheit, sondern gilt in gleicher Weise für die Zuständigkeitsnormen der Art. 70 ff. GG.

In einer Entscheidung zum Kindergeldgesetz[106] hat das Bundesverfassungsgericht festgestellt, bei der Präzisierung einer Kompetenz zur künftigen Gesetzgebung sei zu vermuten, daß der betreffende Begriff einen Gattungsbegriff darstelle, der einen bestimmten Kompetenznormbereich von sachlicher Eigenart sprachlich decke. So sei der Begriff der „Sozialversicherung" in Art. 74 Nr. 12 GG nicht auf die herkömmlichen Versicherungszweige der RVO (Kranken-, Alters-, Invaliditäts- und Unfallversicherung) beschränkt, „sondern ein verfassungsrechtlicher Gattungsbegriff", der alles umfasse, „was sich der Sache nach als Sozialversicherung" darstelle[107].

---

[103] So BVerfGE 7, S. 377, 407.

[104] So BVerfGE 7, S. 198, 204, 205.

[105] Hingegen mit Recht *Häberle*, der nachwies, daß diese Vorstellung in der Antinomie von Recht und Freiheit begründet war (Wesensgehaltgarantie, S. 145 ff.); kritisch hierzu auch *Müller*, Normativität, S. 145; *E. Kaufmann*, Wesen des Völkerrechts, S. 144 von einer institutionellen Denkweise her; *Geiger*, Staatslexikon, Art. Grundrechte III, Sp. 1128; *E. v. Hippel*, Grenzen der Grundrechte, S. 52.

[106] BVerfGE 11, S. 105, 111, 112.

[107] BVerfGE, a.a.O., S. 111, 112.

Daß sich hinter dem Wortlaut einer Zuständigkeitsnorm ein bestimmter Gattungsbegriff entfalte, hat das Bundesverfassungsgericht auch an anderer Stelle zum Ausdruck gebracht. Im Fernsehurteil hat es aus der sachlichen Nähe der verglichenen Bereiche der Art. 75 Nr. 7 und Art. 5 Abs. 1 S. 2 GG rechtliche Schlüsse gezogen, mit dem Ergebnis, zum Fernmeldewesen des Art. 73 Nr. 7 GG gehöre nur die Sendertechnik des Rundfunks[108]. Grundlegend hierfür war die Einsicht, Sendertechnik einerseits, Sutdiotechnik und Veranstaltung von Rundfunksendungen andererseits seien selbständige Sachbereiche, die sich rechtlich getrennt sinnvoll regeln lassen.

Somit meinen Normbereich und normative Leitgedanken nicht verabsolutierte Größen, sondern gedankliche Hilfsgesichtspunkte in der Hermeneutik, die feste Markierungen für eine weitere Differenzierung sein sollen, um den Konkretisierungsprozeß so nachvollziehbar wie möglich zu machen. Damit wird weder der jeder Rechtsfindung eigene Wertungs- und Entscheidungscharakter geleugnet, noch versucht, Verfassungstheorie durch Sachstrukturanalysen zu ersetzen. Die Erforschung des Normbereichs ist nicht voraussetzungslose Soziologie, sondern dient unter normativem Blickwinkel der Realisierung des verfassungsrechtlichen „Wertes". Angesichts der noch weitgehend vorherrschenden Abstraktionen in Staats- und Verfassungstheorie auf der einen Seite und den Sachproblemen in der verfassungsrechtlichen Rechtsprechung auf der anderen, soll sich ein beide vermittelndes hermeneutisches Normverständnis fruchtbar erweisen. Verfassungstheorie und praktische Rechtsanwendung stehen somit nicht mehr beziehungslos nebeneinander, sondern Verfassungstheorie steht im Dienst der praktischen Rechtsanwendung.

4. Abgrenzung zur „Natur der Sache" und zum institutionellen Rechtsdenken

Um die hier dargelegte Normkonzeption gegenüber andersartigen Interpretationsbehelfen plastischer hervortreten zu lassen, ist sie gegenüber der „Natur der Sache" und dem institutionellen Denken abzugrenzen. Von beiden Denkmodalitäten unterscheidet sie sich durch ihren hermeneutischen Ansatz[109].

Hermeneutisches Normverständnis ist um eine weitgehende strukturelle Aufschlüsselung der Probleme der „Natur der Sache" bemüht. Die Untersuchung des Normbereichs führt zu einer graduell abgestuften, rechtlich geprägten Wirklichkeitsanalyse, die zwar nur normativ

---

[108] BVerfGE 12, S. 205, 228.
[109] So *Müller*, Normativität, S. 175 ff.

erfaßbar ist, damit aber nicht „ideologisch" vorgeformt und in seiner tatsächlichen Erscheinung verfälscht wird. „Natur der Sache", „Sachlogik" und „sachlogische Strukturen" belassen die Wirklichkeit in einer undifferenzierten Totalität, die durch das Wesensargument, hinter dem sich vielfach nebulose irrationale Momente verbergen, eine weitere Diskussion abschneiden. Die „Natur der Sache" kann auch dort nicht angewandt werden, wo besonders unklare Fälle i. S. „einer ultima ratio der Auslegung und Vorverständigung des Gesetzes"[110] ihren Einsatz zu fordern scheinen.

In der zu allgemein angesetzten Fragestellung der Lehre zur Beziehung zwischen Recht und Wirklichkeit bleiben Untersuchungen zur Sachlogik stets durch Spekulationen belastet, die über die Grenzen des Aussagegehalts der positiven Rechtsordnung hinausgehen. Der spezifisch juristische Wertungs- und Entscheidungscharakter zwingt nicht — wozu vielfach der Wortlaut zu animieren scheint — zu einem Ausweichen in spekulative, dem positiven Recht nicht mehr entnehmbare, an einem philosophischen Vorverständnis ausgerichtete Wertungen[111]. Damit wird nicht jeder ethische Gehalt aus dem Normativen verdrängt. Soweit jedoch der Normtext hierzu keine Anhaltspunkte bietet[112], übersteigt es die Objektivität der Rechtswissenschaft, eine im naturrechtlichen Gewande auftretende „Natur der Sache" gegen positiv-rechtliche Vorschriften auszuspielen[113], deren Höherrangigkeit nur geglaubt wird und deren Seins- und Sollensstruktur nur unscharf umschreiben kann.

Die „Natur der Sache", verstanden als die jeweilige „Identität des Sinnverhältnisses"[114] leidet, wie die anderen Konzeptionen[115], an allzu großer Spiritualisierung. Die Frage nach dem auf eine „Rechtsidee"

---

[110] Diese Lückenfunktion weist *Radbruch,* Die Natur der Sache als juristische Denkform, in: Festschrift für Laun, S. 162 f., der Natur der Sache in der Rechtsanwendung zu.

[111] So jedoch *Maihofer,* Die Natur der Sache, ARSP XLIV, S. 156; kritisch hierzu *Savigny,* Juristische Methodenlehre, S. 47.

[112] Vgl. „Das Sittengesetz" in Art. 2 Abs. 1 GG.

[113] So aber *Maihofer,* Die Natur der Sache, ARSP XLIV, S. 145 ff.; einen Überblick über den derzeitigen Stand in der Diskussion um die Lehre von der „Natur der Sache" gibt *Schambeck,* Der Begriff der „Natur der Sache", S. 122 ff.

[114] *A. Kaufmann.* Analogie und „Natur der Sache", S. 35, 44.

[115] Vgl. hierzu *Radbruch,* Die Natur der Sache als juristische Denkform, S. 161 ff.: Natur der Sache als anschauliches Bild für etwas rein Ideelles; *Scheuner,* Recht und Gerechtigkeit, in: Recht und Institutionen, S. 36, 45: Sachlogische Strukturen als „logische Urteile", als „rechtskonstruktive Gedanken"; hierzu ablehnend *Stratenwerth,* Das rechtstheoretische Problem der Natur der Sache, der aber seinerseits die sachlogischen Strukturen der „Sphäre des idealen Seins" zurechnet.

bezogenen Sinn eines Lebensverhältnisses ist rechtsphilosophische Spekulation und entfernt sich von der normativen Leitidee des zu konkretisierenden Rechtssatzes. Der entgegengesetzte Entwurf, die „Natur der Sache" als Sammelbegriff für Seinssachverhalte zu begreifen, die zugleich die möglichen Seinsentwürfe begrenzen, wie die ontologische Struktur der Handlung und die „sachlogische Struktur der Schuld"[116], setzen die unveränderliche Eindeutigkeit menschlicher Verhaltensweisen voraus. Gerade hierfür wurde noch kein Beweis erbracht. Was „Handlung" und „Schuld", „Familie" und „Ehe" ist, hängt neben dem Wandel der sozialen Welt doch immer vom Selbst- und Umweltverständnis des einzelnen Menschen ab[117]. Das auch in diesen Bereichen nicht zu verdrängende applikative Moment wird nur durch eine „Ontologisierung" der Natur der Sache mit Vorfragen belastet, die aus hermeneutischer Sicht nicht immer sinnvoll sind. Der juristischen Hermeneutik ist keineswegs die Erforschung ontologischer Strukturen, wie die Suche nach „ewigen Wahrheiten", vorgeben.

In einem ganz anderen Sinn, und sehr konkret gefaßt, begreift Dernburg[118] die Natur der Sache, nach dessen klassischer Definition sie „die den Dingen und Lebensverhältnissen innewohnende Ordnung" ist. In der praktischen Rechtsanwendung soll sie dann, aber auch nur dann, einspringen, wenn die positive Rechtsordnung für den zu entscheidenden Sachverhalt keine Antwort bereit hält. Diese Lückenfüllungsfunktion konnte bei der positivistischen Grundstimmung seiner Zeit einen nur sehr bescheidenen Platz einnehmen.

Als Ergebnis läßt sich festhalten, daß die „Natur der Sache" in ihren verschiedenen Denkformen weder den in Normbereich und normative Leitgedanken differenzierten Rechtssatz ersetzen, noch hierfür weitere brauchbare Hilfsgesichtspunkte liefern kann. Die Natur der Sache, verstanden als empirische Seinsanalyse, kann nicht dem Normbereich gleichgesetzt werden, da dieser niemals unreflektiert, sondern immer vom Leitgedanken einer Norm gesteuert, in den Blickwinkel kommt. Soweit Natur der Sache sich zu einer Naturrechtslehre ausweitet, fehlt ihr schon ein gemeinsamer Ansatzpunkt mit der hermeneutischen Fragestellung, da diese bewußt an der positiven — was nicht notwendig geschriebenen heißt — Rechtsordnung festhält und überpositives Wertdenken jenseits juristischer Objektivität und Leistungskraft sieht[119].

---

[116] So *Welzel*, Naturrecht und materiale Gerechtigkeit, S. 243, 244.
[117] *Weischedel*, Recht und Ethik, S. 9.
[118] *Dernburg*, Pandekten I, S. 87.
[119] Vgl. Überblick über den Stand der Naturrechtsdiskussion bei *Evers*, JZ 1967, S. 73 ff.; kritisch zur „Natur der Sache" in der Rspr. des BVerfG *Schmidt*, JZ 1967, S. 402 ff.

Des weiteren unterscheidet sich die hier vertretene Normsicht durch ihren hermeneutischen Ansatz von einem institutionellen Rechtsdenken[120]. Der Normbereich kann nicht institutionell, als „eine relativ dynamische Gestalt in der Zeit, in der sich personale und objektive Momente begegnen"[121], als „Zustand und Vorgang einer tatsächlichen und rechtlichen Daseinsweise", umschrieben werden. Mit der Anerkennung einer „Doppelnatur" der Grundrechte als objektive Verbürgungen und zugleich als personale Berechtigungen[122] werden deren Normbereiche noch nicht zu Institutionen. Überhaupt lassen sich die grundrechtlichen Normbereiche aus der hier dargelegten Sicht nicht als institutionalisierte Freiheitsverbürgungen verstehen, die dem persönlichen Freiheitsraum „als etwas Gegebenes und Ausgestaltetes gegenübertreten", in denen die individuelle Freiheit in die Grundrechte als Institute „eingebunden" sein sollen[123]. Die bewußte Beschränkung der hermeneutischen Konzeption, mittels der Hilfsstützen des Normbereichs und des Normprogramms die Normen des Verfassungsrechts möglichst weitgehend zu rationalisieren, verzichtet auf eine rechtstheoretische Freiheitskonzeption, deren antropologische, ethische oder ontologische Begründung der hermeneutischen Frage vorgelagert ist. Vom hier dargelegten Normverständnis ist die Begründung einer in diesem oder jenem Sinn rechtstheoretisch vorausgesetzten Freiheit von untergeordneter Bedeutung, da sie nicht nach dem rechtstheoretischen Hintergrund fragt, sondern Grundrechte als sachlich strukturierte, spezifische Ordnungsmodelle sieht, in deren Bahnen sich der politische Lebensprozeß vollzieht. Gemäß seiner rechtstheoretischen Ausgangsposition muß das institutionelle Denken, um den Zugang zur personalen „Seite" der Grundrechte zu gewinnen, welche die Einrichtung erst mit Leben erfüllen soll, nicht näher rationalisierte „Brücken schlagen", die dann zueinander in „Wechselwirkung treten"[124]. Im Grunde wird auch hier, trotz subtiler Handhabung, das Faktum als etwas Außerrechtliches belassen, das durch funktionelle Brücken er-

---

[120] Eine Übersicht über den Stand neuerer Bemühungen in dieser Richtung gibt *Häberle* in DVBl. 1966, S. 120; ders. ausführlich in Wesensgehaltgarantie, S. 70 ff.

[121] So *Häberle*, Wesensgehaltgarantie, S. 109; ders., Allgemeine Staatslehre, Verfassungslehre oder Staatsrechtslehre, in: Ztschr. für Politik 1965, S. 381 ff., 390 ff.

[122] *Häberle*, Wesensgehaltgarantie, S. 70 ff.

[123] So *Häberle*, Wesensgehaltgarantie, S. 96 ff., 99, 100, der mit Recht graduelle Abstufungen institutioneller Gehalte bejaht. Allerdings droht auch das Institutionelle, das „Maß, Richtung und Sicherheit" gewährleisten soll (Häberle, a.a.O., S. 98), bei der Vielzahl sozialer Modelle, die institutionalisierbar sind, unscharf zu werden.

[124] *Häberle*, a.a.O., S. 102.

faßt werden soll. Allein die Mehrdeutigkeit des Funktionsbegriffes[125] ist einem Denken ungenügend, das bemüht ist, das Faktum als differenziertes, vom normativen Leitgedanken erfaßtes und gesteuertes Element des Entscheidungsvorgangs zu begreifen. Deshalb mögen durchaus noch weitere Institutionen als die Paradigma Ehe und Familie, gemeindliche Selbstverwaltung und Berufsbeamtentum bestehen. Nur kann sich eine hermeneutische Konzeption nicht zu einem rechtstheoretisch vorgefaßten institutionellen Prinzip jeder Grundrechtsgewährung bekennen.

Andererseits können Grundrechte i. S. von sachbestimmten Ordnungsmodellen nicht auf bloße „Verhaltensnormen"[126] reduziert werden, die eine „Privatrechtsordnung und eine sich von unten nach oben aufbauende Sozialordnung"[127] begründen. Politische Grundrechte werden als Ergänzung einer eigenverantwortlichen Lebensführung gesehen. Grundrechte erschöpfen sich aber nicht in persönlichen Berechtigungen, sondern sollen, wie Art. 1 Abs. 3 und Art. 19 Abs. 2 GG verbürgen, dem gesamten Staatsleben Richtung und Maß geben.

5. Der hermeneutische Ansatz in der Rechtsprechung des Bundesverfassungsgerichts

Das bisherige rechtswissenschaftliche Schrifttum ist in der Frage der Beziehung von Norm und Wirklichkeit über allgemeine Formeln nicht hinausgekommen. Mit Formeln wie „dialektischer Verknüpfung" oder „Wechselwirkung von Sein und Sollen" lassen sich konkrete Entscheidungen schwerlich begründen. Das Bundesverfassungsgericht war deshalb in den Fällen, die eine Wirklichkeitsanalyse notwendig machten, auf sich allein gestellt. So wundert es nicht, daß sich das Gericht zu der überkommenen Auslegungslehre eines „objektivierten Willens des Gesetzgebers"[128] bekannte, der mit Hilfe der sich ergänzenden grammatischen, systematischen, teleologischen und historischen Auslegungsmethoden zu ermitteln sei. Daran hat es sich jedoch nicht strikt gehalten. Lehrt die grammatische Auslegungsregel, daß der Wortlaut der Norm für jede Interpretation eine unübersteigbare Grenze bildet, so hat sich das Bundesverfassungsgericht im Kehlurteil[129] der Ansicht angeschlossen, daß die Länder, entgegen dem eindeutigen Wortlaut

---

[125] Hierzu *Luhmann*, Grundrechte und Institutionen, S. 39, 60; *Krawietz*, Das positive Recht, S. 39 ff.

[126] So aber *Nawiasky*, VVStRL 4, S. 90 f.; zustimmend *E. v. Hippel*, Grenzen der Grundrechte, S. 49 f.

[127] *E. v. Hippel*, a.a.O., S. 49 f.

[128] Vgl. BVerfGE 1, S. 299, 312; 6, S. 55, 75; 11, S. 126, 130.

[129] BVerfGE 2, S. 347, 374 f.

des Art. 32 Abs. 3 GG, auch mit anderen Partnern als auswärtigen
Staaten, völkerrechtliche Verträge schließen können. Weitere Beispiele,
in denen das Gericht von der objektivierten Auslegung abgewichen ist,
bilden die Fälle, in denen es ein einfaches Gesetz auf seine Verfassungsmäßigkeit hin zu überprüfen hatte. Hier wird die Entstehungs-
geschichte des in Frage stehenden Gesetzes aufgewertet. Die Frage,
„ob sich ein dem Wortlaut entsprechender eindeutiger Wille des Gesetzgebers" oder „ein eindeutiger Wille des Gesetzgebers zugunsten
der wörtlichen Anwendung" feststellen lasse[130], ist aus der Sicht
objektiver Auslegung sicher wenig sinnvoll. Im Rahmen der soge-
nanten verfassungskonformen Gesetzesauslegung will es sogar das
mit der Verfassung vereinbare Maximum der „Absicht des Gesetzgebers"[131] aufrechterhalten. Die weitgehende Rücksichtnahme gegenüber dem Gesetzgeber erklärt sich wohl daraus, mit dem Grundsatz
der Gewaltenverschränkung nicht in Konflikt zu geraten.

Diese Inkonsequenz bestätigt nur, daß der objektivierten Auslegungs-
methode kein allzu großes Gewicht beigelegt werden soll.

Bedeutsamer sind in diesem Zusammenhang die Fälle, in denen das
Verfassungsgericht Gesichtspunkte zu Bestandteilen seiner Entscheidungen macht, die dem Wortlaut einer Norm nicht entnehmbar sind[132].
An ihnen wird deutlich, daß Geschlossenheit wie Rangfolge der Interpretationsmittel angesichts der Probleme der Praxis illusionär sind.

Für die klassischen Auslegungsmethoden bereitete seit jeher der
Gleichheitsgrundsatz auffällige Schwierigkeiten. Seit dessen Verbindlichkeit auch für den Gesetzgeber anerkannt ist, mußten sie kapitu-
lieren. Was durch Gesetz gleich, was ungleich geregelt werden darf,
können weder grammatische, historisch genetische noch teleologische
Methodik erklären. Nach der an der „Natur der Sache" ausgerichteten
Rechtsprechung des Bundesverfassungsgerichts ist Art. 3 GG durch
eine gesetzliche Regelung nur dann als verletzt anzusehen, wenn diese
willkürlich ist, weil zu ihrer Begründung kein „vernünftiger oder

---

[130] BVerfGE 9, S. 89, 102, 104.

[131] BVerfGE 8, S. 28 ff., 39; 9, S. 194 ff., 200.

[132] Vgl. BVerfGE 1, S. 208, 209; 4, S. 322, 328 f.; 6, S. 309 ff., 352 und 12,
S. 205 ff., in denen die Notwendigkeit unterstrichen wird, ein gerade für den
jeweiligen Sachverhalt angemessenes Ergebnis zu erzielen. Wesentlich ist,
daß das Gericht die Entscheidung nicht einseitig als scheinbar in der Norm
enthalten und aus ihr nur entnehmbar ableitet, sondern die Norm auch vom
Sachverhalt her analysiert, um zu einem „sach"gerechten Ergebnis zu
gelangen; vgl. ferner BVerfGE 1, S. 144, 148 f.; 5, S. 85, 129 ff.; 7, S. 377 ff.,
397; 9, S. 305 ff., 323 ff., wo das Gericht, jeweils dem Sachverhalt entsprechend,
mit historischen, politischen und soziologischen Gesichtspunkten argumen-
tiert. Hierher gehören auch die Entscheidungsgesichtspunkte aus einer einheitlichen Verfassungsauslegung in BVerfGE 1, S. 14 ff., 32; 6, S. 309 ff., 361;
12, S. 205 ff.; 12, S. 45 ff.

sonstwie einleuchtender Grund" ersichtlich ist[133]. Die geregelte Wirklichkeit ist nicht eine undifferenzierte, totale Wirklichkeit schlechthin, wie sie die Rechtstheorie versteht, sondern in Umfang und Struktur durch den hermeneutischen Bezug ihrer gesetzlichen Regelung begrenzt. Das Bundesverfassungsgericht hat hierzu die Maxime aufgestellt, der Gesetzgeber sei nicht gehalten, alle tatsächlichen und möglichen Verschiedenheiten des zu regelnden Lebensgebietes zu beachten; maßgebend sei, „ob für eine am Gerechtigkeitsgedanken orientierte Betrachtungsweise die tatsächlichen Ungleichheiten in dem in Betracht kommenden Zusammenhang so bedeutsam sind, daß sie der Gesetzgeber bei seiner Regelung beachten muß"[134]. Dieser Grundsatz hat allgemeine Zustimmung gefunden, wenn er auch aus der Sicht des herkömmlichen Methodensynkretismus durchaus nicht selbstverständlich ist. Die „tatsächliche Ungleichheit" der geregelten Materie ist die unter dem normativen Leitgedanken der Gleichheit erforschte, ganz spezifische, mehr oder weniger rechtsgeprägte Wirklichkeit, die wesentlicher Bestandteil der Entscheidung selbst ist. Nur so ist es verständlich, daß durch eine Änderung tatsächlicher Verhältnisse, die als „grundlegender Strukturwandel" zu bewerten sind, eine Norm unsachgemäß und damit verfassungswidrig werden kann[135]. Das hat nichts mit einer „normativen Kraft des Faktischen" zu tun; durch die grundlegende Änderung des von der Norm erfaßten, konkreten Lebensbereichs spaltet sie sich selbst, da der Leitgedanke keine sinnvolle Direktiven an das vom Normbereich erfaßte Regelungsobjekt mehr erteilen kann. Wie wenig der Normbereich oder nach der Terminologie des Bundesverfassungsgerichts der „Lebensbereich" im Entscheidungsprozeß entbehrlich ist, beweisen die Art. 3 Abs. 2 und Abs. 3 GG, wo gewisse faktische Verschiedenheiten für normativ irrelevant erklärt werden. In dem Urteil vom 10. 5. 1957 hat das Verfassungsgericht den Normbereich der Art. 3 Abs. 2 und 3 GG näher dahin präzisiert, daß das Differenzierungsverbot zwischen Mann und Frau nur dann gelte, wenn der zu ordnende soziale Lebenstatbestand essentiell vergleichbar ist[136]. Im Urteil zur Verfassungsmäßigkeit von § 1709 Abs. 1 BGB[137] wird die Differenzierung der Leistung des Vaters des unehelichen Kindes im Vergleich zu dem des ehelichen Kindes damit gerecht-

---

[133] Seit BVerfGE 1, S. 14, 52 ständige Rspr.

[134] BVerfGE 12, S. 341, 348 im Anschluß an 1, S. 264, 276; 9, S. 124, 130.

[135] BVerfGE 12, S. 341, 353 f.; 3, S. 407 ff., 422.

[136] BVerfGE 6, S. 389, 422: Art. 3 Abs. 3 GG ist auf die Bestrafung der Homosexualität (S. 423) nicht anwendbar, weil dieser „Lebenssachverhalt" so vom biologischen Geschlechtsunterschied geprägt sei, daß sonstige vergleichbare Elemente bedeutungslos seien.

[137] BVerfGE 1, S. 277 ff., 281.

fertigt, daß den Vater bei Fehlen einer Familiengemeinschaft eine andere Funktion gegenüber dem Kind treffe.

Daß Normbereichsanalysen nicht eine Besonderheit des Art. 3 Abs. 1 GG sind, der keinen eigenen Normbereich hat[138], sondern immer erst durch Vermittlung anderer, meist unterverfassungsrechtlicher Normbereiche in das Blickfeld kommt, zeigt die umfangreiche Rechtsprechung zu Art. 12 Abs. 1 GG. Dessen Struktur unterliegt vielfach den historischen Wandlungen des jeweiligen Berufsbildes[139]. Zur Frage der Verfassungsmäßigkeit des Ausschlusses von Nichtgesellen aus der Innungskrankenkasse hat sich das Verfassungsgericht mit Recht eingehend mit der sozialen Stellung des Handwerksstandes beschäftigt und befunden, daß die Differenzierung von Gesellen und Nichtgesellen unter Berücksichtigung der wirtschaftlichen und technischen Wandlungen noch nicht so weit fortgeschritten sei, daß ein gerichtliches Handeln ohne Einschaltung des Gesetzgebers erforderlich sei[140]. Den Begriff des „zu ordnenden Lebensbereiches" hat es bei der Abgrenzung einander verwandter Bereiche näher dargelegt. „Lebensbereich ist ein Komplex des sozialen Lebens, der zusammengehört und sich von anderen als Einheit abhebt"[141]. Dabei komme es nicht auf jede Einzelheit i. S. einer Vollständigkeit ontischer Daten an, sondern „jeder Bereich (sei) im ganzen und in seiner eigenen immanenten Gesetzlichkeit und Ordnung zu erforschen". Da der zu analysierende Lebensbereich bereits vielfach durch unterverfassungsrechtliche Normen vorgeprägt ist, versteht es sich, daß die tatsächlichen Erhebungen nicht als rein empirische Tatsachen, sondern bereits normativ „überformt" in den Entscheidungsvorgang eintreten.

Das Bundesverfassungsgericht hat aus der spezifischen Eigenart der Grundrechte wichtige Folgerungen für ihre Systematik gezogen. Die Spezialität der Art. 2 Abs. 2 ff. GG zu Art. 2 Abs. 1 GG leitete es anfänglich aus der Abgrenzung zur allgemeinen Handlungsfreiheit her. In einem späteren Urteil wird sie aus der Eigenart der einzelnen Schutzbereiche begründet[142]. Nicht eine hierarchische Wertordnung, sondern die sachliche Eigenart der grundrechtlichen Normbereiche bestimmt das Verhältnis von Spezialität und Subsidiarität. Diese Normbereiche sind unter gradueller Abstufung teils mehr rechtsnorm-, teils mehr

---

[138] Insoweit ist es zutreffend, bei Art. 3 Abs. 1 GG von einer Art Generalklausel zu sprechen, nicht aber bei Grundrechten mit, wenn auch weit gefaßten, Normbereichen.

[139] BVerfGE 9, S. 338 ff., 350; 13, S. 97 ff., 117; 10, S. 354 ff., 364; 12, S. 144.

[140] BVerfGE 11, S. 310 ff., 324.

[141] BVerfGE 9, S. 338 ff., 349.

[142] BVerfGE 11, S. 234, 238 zum Verhältnis von Art. 2 Abs. 1 GG zu § 5 Abs. 2 GjS.

sachlich geprägt. Soweit der Gesetzgeber durch den Gesetzesvorbehalt unmittelbar zur Ausgestaltung eines Grundrechts oder mittelbar zur „Schrankenziehung" ermächtigt ist, leistet er einen wesentlichen Beitrag zur Spezifizierung der jeweiligen Normbereiche. Damit werden die Grundrechte nicht dem einfachen Gesetz überantwortet, da sie mit dem jeweiligen normativen Leitgedanken übereinstimmen müssen. Eine Berufsordnung, die einem Bewerber unangemessene Zugangsbeschränkungen auferlegt, kann vor Art. 12 Abs. 1 S. 1 GG ebensowenig Bestand haben wie ein Gesetz vor Art. 2 Abs. 1 GG, das eine nach den allgemeinen Strafgesetzen erlaubte Tätigkeit unter ein generelles Verbot mit Erlaubnisvorbehalt stellt[143].

In einer weiteren Entscheidung zu Art. 3 Abs. 1 GG hat das Bundesverfassungsgericht festgestellt, daß der Ausschluß des Anspruchs des Stiefvaters auf Zweitkindergeld für ein in seinen Haushalt aufgenommenes uneheliches Kind seiner Ehefrau, dessen Vater Kinderzuschlag nach Besoldungsrecht erhält (§ 3 Abs. 1 Nr. 1 KGKG) mit Art. 3 Abs. 1 GG i. V. mit Art. 6 Abs. 5 GG nicht vereinbar war[144]. Obwohl eine Verletzung der Grundrechte der betroffenen Kinder nicht in Frage stehe, da der Anspruch auf Kindergeld stets nur einem Elternteil, nicht aber den Kindern selbst zustehe", liegt ein Verstoß gegen den Gleichheitssatz des Art. 3 Abs. 1 GG darin, daß die Anwendung der Norm in dem hier zur Prüfung stehenden Geltungsbereich zu einer ungerechtfertigten Differenzierung im Kreis der nach § 7 KGKG i. V. m. § 2 Abs. 1 S. 1 Nr. 2 KGKG an sich empfangsberechtigten Personen führt". Den wesentlichen Grund, die Sachgerechtigkeit der Unterscheidung zu verneinen, sah das Gericht darin, daß nach der „Wertentscheidung des Art. 6 Abs. 5 GG" der Gesetzgeber verpflichtet sei, gleiche Bedingungen für die seelische Entwicklung des unehelichen Kindes, wie für die des ehelichen zu schaffen. Die wesentliche Benachteiligung des unehelichen Kindes, in keiner Familiengemeinschaft aufzuwachsen, verpflichte den Gesetzgeber, das ihm mögliche zu tun, um die Eingliederung in eine „Ersatzfamilie" zu fördern. Mit diesem Verfassungsgebot sei es nicht vereinbar, wenn bestimmten „Ersatzfamilien" die finanzielle Entlastung versagt und damit mittelbar die Eingliederung des Kindes in die Familie erschwert werde, obwohl grundsätzlich auch Stiefväter unehelicher Kinder Kindergeldzuschlag erhalten. Das Gericht geht hier so weit, die Sachgerechtigkeit einer Unterscheidung schon deshalb zu verneinen, weil (oder obwohl) eine nur mittelbare Benachteiligung des unehelichen Kindes gegenüber dem ehelichen festgestellt wurde.

---

[143] Vgl. hierzu die Nichtigerklärung des Sammlungsgesetzes vom 5. 11. 1934 (RGBl. I, S. 1086) durch das Bundesverfassungsgericht in JZ 1966, S. 609 ff. mit Anmerkung von *Rupp*, NJW 1966, S. 2037.
[144] BVerfGE, in: JZ 1967, S. 1599 ff.

Auch hier ist der wesentliche soziale Unterschied der „Lebensordnungen", in denen das eheliche und uneheliche Kind stehen, und das daraus folgende Gebot an den Gesetzgeber, diesen Unterschied auszugleichen, wesentlicher Bestandteil der Entscheidung.

Die Urteile, in denen einmal das Bundesverfassungsgericht die Regelung des § 22 Steuerberatungsgesetzes, der eine gewerbliche Tätigkeit mit dem Beruf eines Steuerberaters und des Steuerbevollmächtigten verbietet, für vereinbar mit Art. 12 Abs. 1 S. 2 GG erklärte[145], andererseits das Bundesverwaltungsgericht befand[146], daß die Zulassung zum Heilpraktikerberuf nicht schon deshalb versagt werden dürfe, weil der Bewerber neben diesem Beruf auch einen anderen ausüben will, beruhen wesentlich auf Analysen des Steuerberatungs- bzw. des Heilpraktikerwesens.

Besonders klar hat sich das Bundesverfassungsgericht im Apothekenurteil[147] zur Notwendigkeit einer Normbereichsanalyse bekannt. Notfalls habe es sich mit Hilfe von Sachverständigen einen Überblick in das vom Gesetz zu ordnende Lebensverhältnis zu verschaffen[148]. Das Urteil ist darüber hinaus für die Konkretisierung aller Grundrechte von prinzipieller Bedeutung, indem es klarstellt, daß dem Gericht die Nachprüfung eines Gesetzes auf seine Vereinbarkeit mit Grundrechten nicht deshalb versagt sein könne, weil der Gesetzgeber damit auch andere legitime Ziele als den Schutz von Grundrechten verfolge. Die richterliche Nachprüfung beschränke sich nicht nur auf die gesetzgeberischen Wertungen, sondern umfasse auch Erfahrungsgrundlagen und den hypothetischen Kausalverlauf der durch die gesetzliche Regelung gesteuerten tatsächlichen Entwicklungen[149].

Der gleiche hermeneutische Ansatz liegt der Interpretation von Zuständigkeitsnormen zugrunde. Auf die Entscheidungen zum Begriff des Fernmeldewesens in Art. 73 Nr. 7 GG[150] und der Zuständigkeitsnorm der „Sozialversicherung" in Art. 74 Nr. 12 GG[151] wurde bereits hingewiesen. Der Normbereich des Art. 73 Nr. 7 GG wird durch die der Art. 75 Nr. 2 und Art. 5 Abs. 1 S. 2 GG eingegrenzt. Bei Art. 5 Abs. 1 S. 2 GG macht das Gericht Ausführungen zum gesellschaftlichen Plu-

---

[145] BVerfGE, in: NJW 1967, S. 1317.

[146] BVerwG, in: MDR 1967, S. 611 ff.

[147] BVerfGE 7, S. 377 ff.

[148] BVerfGE 7, S. 377 ff., 412.

[149] Das Gericht bewegt sich hier hart an der Grenze seiner funktionellen Zuständigkeit. Es hat diesen Grundsatz dadurch abgeschwächt, daß es den „Erfahrungen, Erwägungen und Wertungen des Gesetzgebers" eine wesentliche Bedeutung beimißt.

[150] BVerfGE 12, S. 205 ff. (Fernsehurteil).

[151] BVerfGE 11, S. 105, 112.

ralismus unseres Staates und sieht die institutionell gewährte Freiheit des Rundfunks nur durch eine proportionale Beteiligung aller gesellschaftsrelevanten Gruppen und Interessenverbände an der Rundfunkorganisation gewahrt. Diese Analysen sind nicht nur Randerscheinung und Bestätigung einer vorher scheinbar durch die herkömmlichen Interpretationsmittel gewonnenen Entscheidung, sondern deren integraler Bestandteil. Sie tragen so entscheidend die juristischen Folgerungen, daß ihre Zugehörigkeit zum Entscheidungsprozeß wohl kaum geleugnet werden kann. Wenn das Bundesverfassungsgericht anläßlich der Entscheidung zu Art. 74 Nr. 12 GG bemerkt, der Wortlaut jeder Kompetenznorm sei als ein Gattungsbegriff zu verstehen, der einen bestimmten Normbereich von sachlicher Eigenart sprachlich umreißt, so gilt diese Aussage gleichmäßig für alle Verfassungsnormen.

Damit enthält die Vorstellung vom Normbereich für die Grundrechte einen durchaus verläßlichen Kern. Die spezifischen Sachstrukturen von Ehe und Familie, Presse und Rundfunk, freie Meinungsäußerung und Freiheit der Wissenschaft, Lehre und Forschung, bieten hinreichenden Widerstand gegen jede Grundrechtsrelativierung. Art. 19 Abs. 2 GG ist demnach aus hermeneutischer Sicht deklaratorisch zu verstehen[152].

Besonders eindrucksvoll ist der hermeneutische Entscheidungsstil des Bundesverfassungsgerichts zur Frage der Zulässigkeit der Parteienfinanzierung aus öffentlichen Mitteln[153]. Es stützt sich wesentlich auf die Analyse des Leitbildes unseres Parteienwesens. Dessen Funktion bestehe darin, Katalysator für den freien und offenen Meinungs- und Willensbildungsprozeß des Volkes zu sein[154]. Die politischen Parteien, als eine Mittlerstelle zwischen dem politisch aktiven Bürger und der Staatswillensbildung, müssen um dieser ihrer Funktion willen grundsätzlich „staatsfrei" bleiben[155]. Man mag über diese Analyse des Parteienwesens geteilter Meinung sein[156], unbestreitbar ist sie samt den daraus abgeleiteten Folgerungen maßgeblicher Bestandteil des Urteils.

---

[152] Zum gleichen Ergebnis, wenn auch auf Grund eines subtilen institutionellen Denkens kommt *Häberle*, Wesensgehaltgarantie, S. 234.

[153] BVerfGE 20, S. 56 ff.

[154] BVerfGE 20, S. 99.

[155] Mit diesem Urteil scheint das BVerfG die von ihm seit E. 1, S. 227 ständig hervorgehobene Position der politischen Parteien, als einer verfassungsrechtlichen Institution, eines integrierenden Bestandteils des Verfassungsaufbaus und des verfassungsrechtlich geordneten politischen Lebens revidiert zu haben. *Leibholz* (VVStRL 24, S. 18) spricht von einer Unvereinbarkeit der realstaatspolitischen Funktion der Parteien und einem freien gesellschaftlichen Grundcharakter, wie ihn das BVerfG neuerdings annimmt.

[156] Übersicht über den Diskussionsstand bei *Menzel*, Staatliche Parteienfinanzierung und moderner Parteienstaat, DÖV 1966, S. 585 ff.; *Leibholz* VVStRL 24, S. 19) gibt zu bedenken, daß die prinzipielle Einordnung der

Die Untersuchung hat ergeben, daß Wirklichkeitsanalysen in den Entscheidungen des Bundesverfassungsgerichts vielfach unumgänglich sind. Interpretationsmethoden, die die „außerrechtlichen Elemente" nicht in ihr System miteinbeziehen können, gehen an der Funktion des Rechts als eines sozialen Gestaltungsmittels vorbei. Die weitgehend unterverfassungsrechtliche Vorgeformtheit des jeweiligen normativ erfaßten Ausschnitts der Wirklichkeit bedeutet keineswegs eine Unterwanderung der Verfassung. Die Kennzeichnung der Verfassungsnorm als vom Wortlaut des Normtextes gedeckte, sachgeprägte, spezifische Ordnungsmodelle schließt, wie das Bundesverfassungsgericht am Begriff der Sozialversicherung in Art. 74 Nr. 12 GG dargetan hat, einen unmittelbaren Rückgriff auf unterverfassungsrechtliche Normierungen aus. Nicht die weitgehende Abschirmung des Verfassungsrechts vor niederrangigem Gesetzesrecht, vor gesellschaftlichen und politischen Einflüssen vermag dessen Selbständigkeit zu erhalten, sondern die Durchsetzung seiner — entsprechend der jeweiligen Intention — bestärkenden oder verändernden Wirkung auf das soziale Geschehen. Gerade in der Verwirklichung seiner normativen Leitgedanken, auch gegen widerstrebende Kräfte, hat es sich zu bewähren[157].

---

politischen Parteien in die rein gesellschaftliche Ebene die Tendenzen zu einer Verbandsdemokratie bestärken würden. „Damit wird auf eine Fehlkonzeption des 19. Jh. zurückgegriffen, die den Staat als abstrakten Willens- und Herrschaftsverband und das parteimäßig verfaßte Volk auseinanderreißt."

[157] *Hesse*, Normativität, S. 24; ders., VVStRL 17, S. 14.

Viertes Kapitel

Versuch einer auf den Grad der Einbeziehung des einfachen Gesetzesrechts abgestimmten Typologisierung von Grundrechten

Die bisherigen Untersuchungen haben folgende Ergebnisse gebracht: Die Einheit der Rechtsordnung besteht nicht aus einem geschlossenen System sinngleicher Begriffe, sondern in ihrer offenen Problemstrutur[1]. Verfassungsrecht wie Gesetzesrecht sind mit ihrer Paraphierung nicht fertig anwendbar, sondern real mögliche Entwürfe zur Gestaltung der sozialen und politischen Wirklichkeit. Die Rechtsnorm vollendet sich erst in ihrer Anwendung. Inwieweit Verfassungsnormen einen durch die einfache Gesetzgebung normierten Unterbau fordern oder zumindest nicht ausschließen, kann die Einheit der Rechtsordnung nicht erklären. Sie erlaubt aber die Feststellung, daß ein formeller Rangunterschied von Normkomplexen materielle Bezüge nicht ausschließt, und sei es nur, daß die Gemeinsamkeit in allgemeinsten Prinzipien besteht. Weiter haben die vielfachen historischen Rezeptionen einfacher Gesetzesnormen gezeigt, daß die Realisierung der Verfassung, gerade bei Grundrechten mit starkem Sozialbezug, auf die Initiative des einfachen Gesetzgebers angewiesen ist. Was wäre die Berufsfreiheit ohne die vielfachen gesetzlichen Regelungen über Berufszulassung und Berufsausübung, was das garantierte Eigentum und das Erbrecht ohne ihre gesetzliche Ausgestaltung etwa im Bürgerlichen Gesetzbuch? Aber auch Gesetze, deren Intention nicht unmittelbar in der Grundrechtsausgestaltung liegt, wie etwa die Gewährung von Sozialleistungen, Bundeszuschüssen zu den gesetzlichen Pflichtversicherungen, oder Gesetze und Verträge im Bund/Länder-Verhältnis, sind an dem der Verfassung zugrunde liegenden Vorverständnis orientiert und stellen letztlich eine wenn auch nicht letztverbindliche Interpretation der Verfassung dar[2]. Endlich hat die „Erfüllung von unten nach oben" als Folge der Verzahnung gesellschaftlicher und staatlicher Sphäre gezeigt, daß der Gesetzgeber die Fülle bestehender und künftiger Konfliktsfälle nicht vollständig durch Detailregelungen

---

[1] So *Ehmke*, VVStRL 20, S. 53 ff., 62, 64.
[2] In diesem Sinne *Ehmke*, VVStRL 20, S. 53 ff., 68.

erfassen kann. Die gesetzgeberische Folge zunehmender Abstraktionen durch häufigen Gebrauch von Ermessensvorschriften und unbestimmter Rechtsbegriffe muß notwendig die Bedeutung der Exekutive beim „Normvollzug" anheben. Dies muß erst recht für die Funktion des einfachen Gesetzgebers im Verfassungsraum gelten, wenn man bedenkt, daß durch wenige, und damit notwendig unbestimmt gefaßte Normierungen[3] der Verfassung, das gesamte Staatsleben erfaßt wird.

Alle diese verschiedenen Betrachtungen des Bezugs von einfachem Gesetzes- und Verfassungsrecht ließen die Vorstellung eines strikten „begrifflichen Selbstandes der Verfassung" — um die Terminologie Leisners aufzugreifen[4] — als illusionär erscheinen, blieben in ihren Aussagen aber selbst weitgehend unbestimmt.

Erst durch die hermeneutische Fragestellung, die den in der Rechtstheorie noch weit verbreiteten Dualismus der abstrakt belassenen Positionen von Norm und Wirklichkeit überwindet, und durch die Hilfsgesichtspunkte von Normbereich und normativen Leitgedanken um weitgehende Rationalisierung des verfassungsrechtlichen Entscheidungsvorgangs bemüht ist, besteht Aussicht, den Anteil des einfachen Gesetzesrechts an der verfassungsrechtlichen Begriffsbildung — insbesondere bei Grundrechten — konkreter und damit kontrollierbarer zu erfassen. Formeln wie „Wechselwirkung und dialektische Zuordnung, gegenseitiges Abstützen und Absichern von Verfassungs- und Gesetzesrecht" verschleiern eher den Entscheidungsvorgang und erweisen sich als topisch unbrauchbar[5].

Hier soll nun eine Grundrechtstypisierung, bezogen auf dessen jeweiligen unterverfassungsrechtlichen Gehalt, untersucht werden. Lerche hat, von den Grundrechtsbeschränkungen ausgehend, die grundrechtsberührenden Gesetze in grundrechtsprägende, -verdeutlichende, -eingreifende, -konkurrenzlösende und mißbrauchswehrende Normen mit weiteren Unterstufen eingeteilt[6]. Diese Gruppierung ist hier insofern von Belang, als der formale Gesetzesvorbehalt wesentlich den Grad der Rechtsgeprägtheit der grundrechtlichen Normbereiche indiziert[7]. Der Umfang der jeweiligen Gesetzesvorbehalte läßt einen Schluß auf das Maß der Rechtsbestimmtheit der grundrechtlichen Norm-

---

[3] Die oft gebrauchte Formel von der general-klauselähnlichen Weite der Grundrechte ist irreführend, da sich Generalklauseln durch das Fehlen eines ihnen zugeordneten Normbereiches auszeichnen.

[4] *Leisner*, Von der Verfassungsmäßigkeit der Gesetze, S. 32.

[5] Anders *Häberle*, Wesensgehaltgarantie, S. 210, 219; *E. v. Hippel*, Grenzen der Grundrechte, S. 25 f.

[6] *Lerche*, Übermaß, S. 98 ff.

[7] i. d. S. etwa *Häberle*, Wesensgehaltgarantie, S. 37, „die speziellen Vorbehalte indizieren die Wertigkeit der Grundrechtsnormen".

bereiche zu. Es besteht eine Vermutung, daß Grundrechte ohne ausdrücklichen Gesetzesvorbehalt der einfachen Gesetzgebung weniger oder
gar nicht zugänglich sind, als Grundrechte mit verschieden gestuftem
Vorbehalt.

Jeder Typus, und damit auch der hermeneutische, erweist sich als
„die Mittelhöhe zwischen dem Allgemeinen und dem Besonderen"[8].
Deshalb soll das Typische, d. h. das Verbindende bestimmter Grundrechte, und nicht deren Besonderheiten aufgezeigt werden.

Hält man an der Prämisse fest, daß jede Verfassungsnorm in einem
vom reflektierten normativen Leitgedanken gesteuerten Normbereich
hermeneutisch differenzierbar ist, so sind die grundrechtlichen Be-
reichsstrukturen, was ihre allein hier maßgebliche unterverfassungsrechtliche Vor- und Mitgeformtheit anbelangt, teils mehr rechts-, teils
überwiegend sachgeprägt. Beide Typen treten selten ausschließlich
allein auf. Überwiegend ist eine Zusammensetzung von unterschied-
lichem Mischungsverhältnis. Die Einteilung in rechts- und sachgeprägte
Normen soll nicht heißen, rechtsgeprägte Normen seien formal zu verstehen, sondern nur den Grad der rechtlichen Formbarkeit auch in
einer schlagwortartigen Bezeichnung zum Ausdruck bringen.

1. Sachgeprägte Grundrechte, nachgewiesen anhand der Freiheitsgarantien in Art. 4 Abs. 1 und Art. 5 Abs. 3 GG

Sachbestimmte Normbereiche, die weder rechtserzeugt noch in ihrem
Kern rechtlich formbar sind, enthalten die Art. 4 Abs. 1 und Art. 5
Abs. 3 GG in den Gewährleistungen von Glaubens- und Gewissens-,
von Kunst- und Wissenschaftsfreiheit. Der jeweils fehlende Gesetzesvorbehalt ist hierfür nur ein Indiz, nicht die Ursache. Was Glaube und
Gewissen, was Kunst und Wissenschaft ihrem Wesen nach sind, liegt
im rechtlichen Vorfeld und kann durch das Recht weder geschaffen
noch geformt werden. Sie werden durch die Verfassung lediglich anerkannt als spezifische menschliche Freiheitsäußerungen, aber weder
durch sie bestimmt noch von ihr abgetrennt. Daraus folgt das Verbot,
diese Normbereiche, wie sie das Grundgesetz gewährleistet, politisch
zu funktionalisieren. Denn die Konstituierung eines Gemeinwesens als
einer freiheitlichen Ordnung lebt nicht nur von ihrer integrierenden
Wirkung, sondern auch von der Anerkennung politisch ausgeklammer-
ter Bereiche[9].

---

[8] A. *Kaufmann*, Analogie und Natur der Sache, S. 37.

[9] Hierzu *Ehmke*, Verfassungsänderung, S. 94, 96; ferner *Krüger*, Art. Verfassung, in: HdSW Bd. 11, S. 72 ff., 75; *H. Heller*, Staatslehre, S. 187 zu
„ursprünglich durch staatlich nicht organisierte gesellschaftliche Kräfte"
erzeugten Gebilden wie Besitz, Vertrag, Ehe und Familie.

Kennzeichnend für die geringe rechtliche Formbarkeit des Gewissensbegriffes sind die Schwierigkeiten, hierfür eine angemessene sprachliche Umschreibung zu finden. Die oft vollzogene Gleichsetzung mit der Glaubens-, Religions- und Weltanschauungsfreiheit[10], das gelegentlich auftretende Mißverständnis, die Gewissensfreiheit mit dem forum internum der Gedankenfreiheit zu identifizieren[11], verbauten nur die Chance, sie als selbständiges und eigenwertiges Grundrecht auch sprachlich zur Geltung zu bringen. So wundert es nicht, daß die Umschreibung durch das Bundesverfassungsgericht, das Gewissen sei „ein real erfahrbares Phänomen, dessen Forderungen, Mahnungen und Warnungen für den Menschen unmittelbar evidente Gebote unbedingten Sollens sind"[12], reichlich umständlich anmutet. Das ist auch verständlich, da in der Literatur erst Ansätze für eine Normbereicherungsanalyse des Gewissens zu sehen sind[13], ganz zu schweigen von einer weitgehenden Übereinstimmung.

Daß darin nicht nur unbewältigte Aufgaben, sondern auch Gefahren begründet sind, demonstriert der Entscheidungsstil oberlandesgerichtlicher Rechtsprechung zur Verurteilung von Ersatzwehrdienstverweigerern aus Gewissensgründen. Das OLG Köln[14] begründete u. a. seine Strafzumessung damit, daß der Verweigerer „an Stelle der Wertordnung der Gesellschaft bewußt seine eigene gesetzt habe". Das Strafwürdige seiner Gewissensentscheidung liege darin, daß er sich „bewußt über die Gewissensentscheidung der überwiegenden Mehrzahl der Staatsbürger hinweggesetzt und diese mißachtet habe"[15]. Diese Beurteilung der Gewissensentscheidung nach dem Mehrheitsargument ist unsinnig. Was immer die rechtlich geschützte Gewissensfreiheit im einzelnen sein mag, so ist sie keineswegs ein erst durch die Wertvermittlung des Kollektivs bestimmtes, sondern ein individuelles Phä-

---

[10] s. *Klein*, K., Erl. II 3 zu Art. 4 GG.

[11] Die Gleichsetzung der Gewissensfreiheit mit dem *formun internum* ist noch durch die Diskussion der Weimarer Zeit belastet, hierzu R. *Thoma*, JöR 1951, S. 73.

[12] BVerfGE 12, S. 45 ff., 54.

[13] Erst in jüngster Zeit hat die Gewissensfreiheit breiteres wissenschaftliches Interesse gefunden, vgl. *Hamel*, in: Grundrechte IV, 1, S. 37—100; *Witte*, Der Gewissensbegriff des Art. 4 Abs. 3 GG, AöR 87, S. 155—196; *Podlech*, Der Gewissensbegriff im Rechtsstaat, AöR 88, S. 185—221, eine Auseinandersetzung mit Hamel und Witte; ferner *Scholler*, Die Freiheit des Gewissens; ders., Gewissen, Gesetz und Rechtsstaat, in: DÖV 1969, S. 526 ff.; *Luhmann*, Gewissen und Gewissensfreiheit, AöR 90, S. 257 ff.; neuestens Berichte von Bäumlin und Böckenförde auf der Staatsrechtslehrertagung 1969 (deren Leitsätze dem Verfasser freundlicherweise zur Verfügung gestellt wurden).

[14] OLG Köln, NJW 1966, S. 1326.

[15] Ebenso OLG Bremen, NJW 1963, S. 1932 und OLG Düsseldorf, NJW 1966, S. 1933.

nomen[16], das den einzelnen zum Unaustauschbaren und Unverwechselbaren macht. Diese Urteile sind nicht nur falsch begründet, sie nehmen, wie A. Arndt[17] mit Recht sagt, „unserer Demokratie ihre Freiheitlichkeit und damit ihre Legitimität". Denn das Grundgesetz hat in Art. 4 Abs. 1 GG in der Erkenntnis, daß der Gesetzgeber niemals vermeiden kann, die davon Betroffenen in Gewissensnot zu bringen, und seien es nur einige wenige, bewußt zu deren Gunsten einen Vorrang gegenüber den Gemeinschaftsbelangen statuiert. Das ist eine qualitative Entscheidung, in der ein nach politischen Gesichtspunkten ausgerichteter Mehrheitswille nichts zu suchen hat. Arndt ist beizupflichten, wenn er feststellt, daß eine verbindliche demokratische Mehrheitsentscheidung „die von den Grundrechten gewährleistete Toleranz wahren muß, indem sie gewisse Entpflichtungen der Minderheit nicht nur zuläßt, sondern um ihrer eigenen Glaubwürdigkeit willen selber wünscht"[18].

Mißversteht man die Gewissensfreiheit nicht als bloßes forum internum[19], so muß ihr grundrechtlich geschützter Umfang die Achtung vor allen Verhaltensweisen einbeziehen, die auf einer echten Gewissensentscheidung beruhen, d. h. einer Entscheidung, die aus einer konkreten Konfliktsituation[20], gemessen an dem als „gut" oder „böse" Empfundenen, hervorgegangen ist. Gewissensfreiheit wurde vom Grundgesetz auch und vor allem als Abwehr gegen den totalen, weltanschaulich aggressiven Staat gewährt[21]. Sie soll von einer Pflicht zur Aktivität dann entbinden, falls das reichlich geprüfte Gewissen das befohlene Tun als sittlich „böse" ablehnt. Es gewährt daher ein Unterlassungsrecht, sich aus der Reihe der Handelnden dort auszuschließen,

---

[16] Damit soll nicht eine rigorose individualistische Gewissensethik befürwortet werden, da jede Person von konstanten und variablen Komponenten bestimmt wird. Daraus resultiert auch die Gefahr einer neurotischen Übersteuerung, indem das Gewissen entweder zu viel oder zu wenig Selbst als konstant voraussetzt (vgl. *Luhmann*, a.a.O., S. 268).

[17] *A. Arndt*, Das Gewissen in der oberlandesgerichtlichen Rechtsprechung, NJW 1966, S. 2204, 2206.

[18] *A. Arndt*, a.a.O., S. 2206.

[19] Als solches kann sie nicht geschützt werden, da sie nicht real verletzbar ist, und sich auch im totalitären Staat behaupten kann.

[20] Insoweit ist die Gewissensbildung und -entscheidung immer situationsbezogen, wie das BVerfGE 12, S. 45 ff., 55 mit Recht feststellt; dem BVerfG folgend *Grundmann*, BayVBl. 1967, S. 181 f. Im übrigen kann *Grundmann* nicht zugestimmt werden, wenn er das Gewissen als den Ort im Menschen bezeichnet, „wo an ihn der Appell ergeht, seinen Glauben nicht nur vor der Welt zu vertreten, sondern ihn handelnd in die Tat umzusetzen" (a.a.O., S. 182). Damit wird einmal mehr die Gewissensfreiheit zum Unterfall der Religionsfreiheit degradiert und ihr status negativus in ein Recht und sogar eine Pflicht zur Aktivität umgewandelt.

[21] Vgl. *Scholler*, Die Freiheit des Gewissens, S. 215.

wo andere das Tun für sittlich unbedenklich oder sogar für geboten halten mögen[22].

Neben der subjektiven Berechtigung enthält der Normbereich des Art. 4 Abs. 1 GG hinsichtlich der Gewissensfreiheit einen institutionellen „Bedeutungskern" im Sinne der Nichtidentifikation oder Neutralität des Staates und einen weiteren dirigierenden Teilinhalt, der sich an die legislative und administrative Gewalt richtet, bei schweren Gewissenskonflikten Handlungsalternativen zur Verfügung zu stellen[23].

Die beiden letzten Teilbereiche sind sowohl ohne ausdrückliche Vorbehaltsschranken wie ohne inhärente Begrenzungen gewährleistet[24], während der subjektive Teilinhalt wohl kaum als genereller Vorrang der Gewissensaktion vor dem Gesetz gesehen werden darf[25]. Dies zeigt bereits die Existenz der Art. 4 Abs. 3, 12 a Abs. 2 S. 3 und 38 GG, sofern sie als unselbständige Ausnahmeregeln zu Art. 4 Abs. 1 GG verstanden werden[26].

Deshalb interessiert für die Frage der Begrenzung allein der subjektive Teilinhalt der Gewissensfreiheit. Art. 4 Abs. 1 GG der Schrankentrias des Art. 2 Abs. 1 GG oder den allgemeinen Gesetzen des Art. 5 Abs. 3 GG zu unterstellen, verbietet nicht bloß die Systematik, sondern auch die Tatsache, daß die gewissensbezogene Handlung, die zur objektiven Garantie der ethischen Handlungsfreiheit tendiert und somit gleichfalls an der allgemein zu beobachtenden Subjekt-Objekt-Verschiebung teilnimmt, in Art. 4 Abs. 1 GG eine selbständige Normierung gefunden hat[27].

---

[22] Nach *Böckenförde*, Bericht auf der Staatsrechtslehrertagung 1969, LS II 1, enthält die Gewissensfreiheit i. S. des Art. 4 Abs. 1 GG ein dreifaches Abwehrrecht, daß
1. in Bestand und Funktionsfähigkeit des Gewissens nicht eingegriffen wird,
2. die Bildung von Gewissensüberzeugungen sich frei, d. h. ohne Beeinträchtigung durch Maßnahmen der öffentlichen Gewalt vollziehen kann,
3. niemand von der öffentlichen Gewalt zu einem Verhalten (Tun oder Unterlassen) rechtlich gezwungen werden darf, das dem Gebot des eigenen Gewissens widerspricht.

[23] So *Scholler*, Gewissen, Gesetz und Rechtsstaat, DÖV 1969, S. 526 ff., 528.

[24] *Scholler*, a.a.O., S. 528.

[25] So *Scholler*, a.a.O., S. 528; *Luhmann*, AöR 90, S. 257 ff., 282, rechtfertigt die mit Recht von der h. M. gezogene Unterscheidung des vom Gewissen geforderten Tuns und Unterlassens aus rechtssoziologischer Sicht damit, daß sich die Sozialordnung „auf ein rechtswidriges Unterlassen, auf einen Ausfall von Leistungen, besser einstellen kann, als auf aggressives rechtswidriges Tun".

[26] *Scholler*, a.a.O., S. 528.

[27] Ablehnend auch *Bäumlin*, Das Grundrecht der Gewissensfreiheit, Staatsrechtslehrertagung 1969, LS 5, 1, der eine Begrenzung der Gewissensfreiheit wie der übrigen Grundrechte aus ihrer Stellung als Teil einer verfassungsrechtlichen Gesamtordnung ableitet, ihre konsequente Unterstellung unter den Gemeinschaftsvorbehalt aber dadurch vermeidet, indem er das Schran-

Deshalb kann auch der Lehre, die in dem Soweit-Satz des Art. 2 Abs. 1 GG nur einen Hinweis auf Schranken sieht, die auch den ohne Vorbehalt garantierten Grundrechten immanent seien, nicht gefolgt werden. Auch die dazu entwickelten Modalitäten, wie die Theorie des Bundesverwaltungsgerichts vom ungeschriebenen Gemeinschaftsvorbehalt[28] und die von Dürig vertretene Auffassung der „primitiven Nichtstörungsschranken"[29], können deshalb nicht überzeugen.

Die einzig unbestrittene immanente Schranke der Gewissensfreiheit ist das Gewissen selbst. Auch hier scheint sich die These Häberles zu bestätigen[30], daß die Schranke zumindest punktuell den Inhalt der Norm mitbestimmt, die Umschreibung von Grundrecht und Schranke nicht zwei logisch hintereinandergeschaltete Akte sind, sondern bereits bei der Bestimmung des Vorverständnisses des Grundrechts zusammengehören.

Sieht man in dem subjektiven Teilbereich der Gewissensfreiheit eine sachbestimmte Norm, so kann auch aus der unterverfassungsrechtlichen Gesetzgebung keine zusätzliche Beschränkung gewonnen werden, da es dem einfachen Gesetzgeber verwehrt ist, das individuelle Gewissen zu prägen oder gar „auszugestalten"[31].

---

kenproblem als Frage einer optimalen praktischen Konkordanz versteht (LS 5, 2), die stets eine fallbezogene Rechtsgüterabwägung sei. Damit verneint er im Ergebnis eine immanente Begrenzungsfähigkeit der Gewissensfreiheit durch grundrechtsprägende Normen (a. A. *Häberle*, JuS 1969, S. 265, 267 Anm. 31). Abweichend hiervon *Böckenförde*, Staatsrechtslehrertagung 1969, der die Grenzen der freien Gewissensbetätigung zwar ebenfalls aus dem Prinzip der Einheit der Verfassung zieht (LS IV 10 a) in der unmittelbaren Bedrohung elementarer letzter Staatszwecke eine unüberschreitbare Grenze ungehinderter Gewissensbetätigungen sieht (LS II 13). Bedenklich erscheint die abschließende Aufzählung solcher letzter Staatszwecke, wie der innerstaatliche Friedenszustand (Gewaltverbot), der Bestand des Staats und die Möglichkeit der Sicherung nach außen, die Sicherheit von Leben und Freiheit der Person, die Gewährleistung der unbedingt zu schützenden Rechte der einzelnen (LS II 13). Es fehlen Kriterien, wann der innere wie äußere Friedenszustand unmittelbar bedroht ist. Soll das Gewissen gegenüber der Freiheit des anderen, noch dazu wenn sie als allgemeine Handlungsfreiheit verstanden wird, stets zurücktreten? Welches sind die generalklauselartig genannten „unbedingt zu schützenden Rechte der einzelnen", neben Schutz des Lebens und Freiheit der Person? Auch in diesen Fällen empfiehlt sich eine konkrete Güterabwägung i. S. praktisch geübter Toleranz. Im übrigen ist *Böckenförde* zuzustimmen, wenn er das Gewissen als „eine im sozialen Leben vorgegebene Wirklichkeit" versteht (LS III 19), das von der Rechtsordnung folglich weder „ausgestaltet" noch immanent geprägt werden kann.

[28] s. hierzu näher V. Kapitel.

[29] *Maunz-Dürig-Herzog*, Art. 2 Abs. 1, Rdnr. 4, S. 70.

[30] Wesensgehaltgarantie; ders., JuS 1969, S. 267.

[31] *Scholler*, a.a.O., S. 530 führt das Verbot grundrechtsprägender Normen im Bereich der Gewissensfreiheit auf dessen institutionellen Teilinhalt der Nichtidentifikation des Staates zurück.

Ob aus einer Grundrechtskollision, etwa aus dem Aufeinanderprallen von Meinungsfreiheit, Würde der Person, Schutz der Ehe und Familie mit der Gewissensfreiheit, eine generelle Beschränkung für die letztere hergeleitet werden kann, muß verneint werden, da mit gleicher Berechtigung gefragt werden darf, ob nicht umgekehrt die Art. 5 Abs. 1, 1 Abs. 1 GG wiederum im Lichte des Art. 4 Abs. 1 GG interpretiert werden müssen. Zwischen den speziellen Freiheitsrechten ist vielmehr eine Interdependenz anzunehmen, die nur eine Konfliktsschichtung von Fall zu Fall verträgt. Sie schließt eine generelle Schrankenimmanenz zwischen den Spezialgrundrechten aus, die auch nur vom Ansatz eines festgefügten Wertsystems her verständlich ist[32].

Kann sich in der konkreten Situation ein Grundrecht nur durch das Zurücktreten eines anderen behaupten, so muß möglicherweise dem einzelnen das Opfer einer Gewissensnot zugunsten des Grundrechtsschutzes eines anderen zugemutet werden[33]. Dies kann aber nur insoweit gelten, als Grundrechte subjektiv-öffentliche Rechte gewährleisten, da das Einzelgewissen mit objektiven Gemeinschaftsgütern nicht meß- und vergleichbar ist[34].

Der dirigistische Teil des Normbereichs der Gewissensfreiheit enthält einen, vor allem an den Gesetzgeber gerichteten, Verfassungsauftrag für Gewissenskonflikte, Handlungsalternativen zu schaffen. Zur Lösung des dadurch auftretenden Spannungsfeldes zwischen Rechts- und Gewissensnorm bieten sich zwei Alternativen an: Gewissenskonflikte durch Übereinstimmung von Rechts- und Gewissensnorm zu vermeiden, oder Gewissensklauseln zu schaffen, d. h. Handlungsalternativen bereitzustellen[35]. Der erste Weg kann schon deshalb keine tragende Bedeutung erlangen, weil nur ein kleiner Teil der Rechts-

---

[32] So auch *Bäumlin*, Staatsrechtslehrertagung 1969, LS 5, 1.

[33] Eine ähnliche Problematik besteht bei der aktiven Glaubensfreiheit. In der Lumpensammlerentscheidung d. BVerfG (E. 24, S. 236 ff.) waren die zur aktiven Glaubensfreiheit gehörige karitative Betätigung und das Wettbewerbsrecht gegeneinander abzugrenzen und zum Ausgleich zu bringen; im Wunsiedelfall (BVerwGE 30, S. 29) war der Konflikt zwischen Art. 33 Abs. 5 und Art. 4 Abs. 1, 2 GG zu schlichten.

[34] So *Scholler*, a.a.O., S. 530; a. A. *Böckenförde*, der die Gewissensausübungsfreiheit durch bestimmte elementare Staatszwecke generell begrenzt wissen will; vgl. Anm. 27.

[35] So *Scholler*, a.a.O., S. 531; ebenso *Bäumlin*, LS 6, 2, der den Staat aus Art. 4 Abs. 1 GG verpflichtet hält, die Rechtsordnung so auszugestalten, daß Konfliktsmöglichkeiten von vornherein eliminiert oder durch Bereitstellen von Alternativen vermieden werden; insoweit auch übereinstimmend *Böckenförde*, LS II 15. Die Spannung zwischen Gewissens- und Rechtsnorm wird nicht bereits durch den modernen Rechtssatzbegriff aufgehoben. Die Auffassung, die nur ein äußeres Verhalten verlangende Rechtsnorm impliziere bereits volle Gewissensfreiheit, verwechselt die Wirkung des Grundrechts mit seinem zu definierenden Wesen.

normen auf Einverseelung angelegt ist, während die Geltung des überwiegenden Teils der Rechtsnormen durch staatliche Normativierung motiviert ist, die ein bestimmtes äußeres Verhalten verlangen[36]. Da aber die auf ein äußeres Verhalten abzielende Rechtsnorm erst dort zum ethischen Problem wird, wo das Individualgewissen das konkret verlangte Tun ablehnt, kann der Konflikt nur durch Bereitstellen von Handlungsalternativen geschlichtet werden. Art. 4 Abs. 3 GG und § 3 Abs. 1 BVFG[37] können deshalb als erfüllter Verfassungsauftrag verstanden werden[38].

Der dritte Teilbereich der Gewissensfreiheit, die institutionelle Garantie der Nichtidentifikation des Staates mit einer Weltanschauungs- oder Religionslehre steht in einem engen Zusammenhang mit der Entstehung des heutigen Rechtsstaates. Er sucht durch Ausschaltung religiöser und ethischer Spannungen mittels rationaler Einrichtungen die erforderliche integrierende Stabilität zu erreichen, an der die absolute Monarchie gescheitert ist. Diese Garantie wird durch zwei in sich gegensätzliche Richtungen gefährdet: Der funktionalistischen Rechtssoziologie und einer wertbetonten Grundrechtsinterpretation.

Jene funktionalisiert das Gewissen, indem es die Gewissensfreiheit aus dem altliberalen Menschengrundrecht in einen subsidiären Entlastungsfaktor uminstrumentiert, der nur dann eingreift, wenn vorrangige Entlastungsmechanismen, wie das Bereitstellen einer Vielzahl von Handlungsalternativen und die Institutionalisierung „unpersönlicher", d. h. nicht gewissenskonfliktbehafteter, die künftige Selbstdarstellung nicht verpflichtender Handlungsweisen, versagen sollten. Die

---

[36] So *Scholler*, a.a.O., S. 532, der als dritte Gruppe die Normen anführt, deren Rechtsgeltung durch das herrschende Ethos motiviert ist. Aber auch hier dürfte sich das zur Wertneutralität verpflichtete Gemeinwesen nur im geringen Umfang auf ein „herrschendes Ethos" stützen können, so daß allein der auf ein äußeres Verhalten gerichtete Rechtsnormbegriff, der weder sittliche Billigung oder Anerkennung beansprucht, dem modernen Rechtsstaatsverständnis angemessen ist. So auch *Luhmann*, a.a.O., S. 262.

[37] Vgl. *Scholler*, a.a.O., S. 531.

[38] Als Handlungsalternative kann auch das Verbot der Zwangsvollstreckung bei Ansprüchen auf Dienstleistungen verstanden werden (§ 888 Abs. 2 ZPO), wenn unerwartete Gewissenskonflikte auftreten; *Luhmann*, a.a.O., S. 282 befürwortet eine Analogie in den Fällen, die die Persönlichkeit auf ähnliche Weise stark engagieren, da der einzelne nicht in Situationen gepreßt werden soll, in denen sich das Gewissen gegen ihn selbst wendet. Dadurch würde der Ersatz auf das Erfüllungsinteresse nicht ausgeschlossen, da eine partielle Entpflichtung keinen Anspruch auf ersatzlose Freistellung von gesetzlich oder freiwillig übernommenen Pflichten gibt; Handlungsalternativen in diesem Sinn sind auch die Zeugnisverweigerungsrechte in den Prozeßordnungen; vgl. ferner das Zweite Gesetz zur Änderung des Gesetzes über den zivilen Ersatzdienst v. 14. 8. 1969 (BGBl. I, S. 1105), das für anerkannte Kriegsdienstverweigerer, deren Gewissen auch die Leistung des Ersatzdienstes verbietet, eine Handlungsalternative geschaffen hat.

Sozialordnung soll den einzelnen nach Möglichkeit an seinem Gewissen vorbeisteuern, die Gewissensfreiheit die Orientierung des Handelns am individuellen Gewissen nicht ermöglichen, sondern ersparen[39]. Die Gewissensfreiheit hat bei Luhmann die Funktion, durch Rollendifferenzierung, Rollenalternativen und Schaffung „unpersönlicher" Handlungsweisen die Rechtsnorm zu ersetzen oder doch weitgehend überflüssig zu machen. Diese Frage stellt sich aber auch, ohne die Gewissensfrage zu bemühen, wenn die Selbstorganisation der Gesellschaft aus der Gemeinschaft für die Industriegesellschaft der Nachkriegszeit typisch sein soll[40]. Ob aber die Ersetzung der Rechtsnorm als Ordnungsfaktor durch die soziale Rolle, die zumindest bei geringer gesellschaftlicher Mobilität wesentlich intoleranter ist, sinnvoll ist, muß bezweifelt werden, zumal auch Luhmann anerkennt, daß der als Ventil für das bedrängte Gewissen zur Verfügung gestellte Rollenwechsel zu Opfern zwingt. Nur dürfte seine Beurteilung über den bereitstehenden Alternativenreichtum[41], der das Opfer des Rollenwechsels zumutbar machen soll, zu optimistisch sein. Die für den zumutbaren Wechsel angeführten Beispiele, wie Berufswechsel, Aufgabe spezifischer Mitgliedschaften oder Abfindung von Schäden in Geld, wirken oft auf andere Rollenverflechtungen zurück, so daß eine solche „Effektübertragung" die Regel sein dürfte, die Luhmann als Ausnahme gesehen wissen will[42]. Sie ist in der Starrheit und Intoleranz der sozialen Rolle begründet, die daran zweifeln läßt, ob sie geeignet ist, die elastischere und anpassungsfähigere Rechtsnorm abzulösen.

Auf der anderen Seite droht die seit R. Smend und vom Bundesverfassungsgericht in ständiger Rechtsprechung wiederholten, zum gängigen Interpretationsprinzip gewordenen Formel vom Güter- und Wertsystem der Grundrechte[43], die institutionelle Bedeutung der Grundrechte zu zerstören. Es liegt auf der Hand, daß eine Interpretationsmethode, die im Gewissen eine transzendentale Größe sieht, das lediglich mit Hilfe theologischer oder existentialphilosophischer Lehren erfaßbar ist, mit der Garantie staatlicher Nichteinmischung im ethischen und konfessionellen Bereich in Konflikt geraten muß[44]. Eine

---

[39] *Luhmann*, a.a.O., S. 257 ff., 280.

[40] *Forsthoff*, Zur Problematik der Verfassungsauslegung, S. 15.

[41] *Luhmann*, a.a.O., S. 283.

[42] *Luhmann*, a.a.O., S. 284.

[43] BVerfGE 2, S. 12; 5, S. 134 ff., 197 ff.; 6, S. 40 f.; 7, S. 205; 12, S. 51 f.

[44] Eine wertbetonte Interpretation findet sich bei *Hamel*, Die Grundrechte IV 1, S. 37—100 und *Witte*, AöR 87, S. 155—196; ablehnend *Podlech*, AöR 88, S. 185 ff., der bei Hamel und Witte jegliche rationale Begründung ihrer Thesen vermißt, und mit Recht Wittes irrationalen, dem späten Heidegger angelehnten orakelnden Stil kritisiert (a.a.O., S. 212); eine wertbetonte Gewisseninterpretation lehnen ebenfalls ab *Bäumlin*, Staatsrechtslehrertagung 1969, Einl. und *Böckenförde*, a.a.O., LS III 20.

Gewissensentscheidung könnte nur noch der theologisch oder philosophisch Geschulte fällen, da nur er ein Gewissen haben könnte. Die altliberale Schutznorm der Gewissensfreiheit würde sich in eine Verbotsnorm für alle theologischen oder philosophischen Minderheiten verkehren[45].

Das Bundesverfassungsgericht hat bisher den Irrtum einer metajuristischen Interpretation der Gewissensfreiheit vermieden, und jede juristische Auseinandersetzung mit theologischen und philosophischen Lehren über Begriff, Wesen und Ursprung des Gewissens als jenseits der Kompetenz des Richters liegend zurückgewiesen[46], da das Verfassungsrecht die Grundlagen des politischen Zusammenlebens für alle Bürger bestimmen will, und Verfassungsbegriffe für alle Bekenntnisse und Weltanschauungen deshalb gleich zu interpretieren seien.

Weitere Beispiele grundrechtlicher Anerkennung „außerrechtlich" geformter Bereiche sind die Freiheitsverbürgungen von Kunst und Wissenschaft. Gerade hier zeigen sich enorme Schwierigkeiten, da Kunst nach Art. 5 Abs. 3 GG frei sein soll, andererseits die Gerichte gehalten sind[47], ständig darüber zu befinden, was Kunst ist. Die Unbestimmtheit ihres Normbereiches scheint mit dem Grad ihrer Gefährdung übereinzustimmen.

In der Literatur und Rechtsprechung finden sich die verschiedensten Ansichten, nach welchen Gesichtspunkten das Künstlerische zu beurteilen ist. Nach der einen[48] soll die „unmittelbar anschauliche Gestaltung des Schönen", nach der anderen die „schöpferische Leistung"[49] maßgebend sein. Eine dritte hält die „Schaffung von etwas nicht Alltäglichem mit Symbolwert, das das ästhetische Empfinden besonders anspreche"[50] für das maßgebende Kriterium. Hierzu stehen die Stimmen in Widerspruch, nach denen der künstlerische Wert „nicht zur Entscheidung des Gerichts stehe"[51], und jede ästhetische Betrachtung auszuscheiden habe[52]. v. Mangoldt-Klein[53] haben sich an die Definition des Großen Brockhaus gehalten, die auch von der Rechtsprechung aufgegriffen wurde[54]. Kunst soll demnach die Gestaltung eines seelisch-

---

45 So *Podlech*, AöR 88, S. 185 ff., 194.
46 BVerfGE 12, S. 45 ff., 55.
47 Etwa nach § 184 StGB, § 6 Abs. 2 Nr. 2 GjS.
48 *Zinn-Stein*, Anm. 2 zu Art. 10 Hess.Verf.
49 BFH, NJW 1960, S. 2359.
50 i. d. S. BVerwGE 11, S. 35.
51 BVerwGE 1, S. 303 ff., 305 = NJW 1955, S. 1203.
52 *Hamann*, Anm. 13 zu Art. 5 GG.
53 *Klein*, K., Anm. X 3 zu Art. 5 GG.
54 OVG Münster, NJW 1959, S. 1890.

geistigen Inhalts durch eine eigenwertige Form nach bestimmten Gesetzen sein. Offen bleibt dadurch, ob das künstlerische Werk Ausdruck
des „Könnens" oder des „Kündens" (einer Wahrheit) ist. Der Streit
hat nicht nur etymologische Bedeutung, sondern ist von enormer verfassungsrechtlicher Tragweite. Wäre nach Art. 5 Abs. 3 GG allein das
frei, was gekonnt, und zwar erfolgreich gekonnt ist, so würden staatliche Organe zum Schiedsrichter über geglückte und mißlungene Kunstwerke berufen. Sieht man aber in die Kunstgeschichte zurück, so ist
nur sehr wenigen Künstlern wirklich Vollkommenes und Vollendetes
gelungen. Diese Interpretation ist nicht nur vom Ergebnis her unbefriedigend, sondern schöpft auch die Sachstruktur der Kunst nicht
voll aus. Sicher wird Kunst vielfach mit Können verquickt; mit Kunst
verbindet sich aber auch ein Wissen, eine Einsicht, ein Kennen und
Erkennen des Künstlers. Kunst wird damit zur Wahrheitsfrage[55]. Natürlich ließe sich darauf hin die Pilatusfrage stellen. Darauf eine begrifflich-exakte Definition geben zu wollen, ist ebenso unmöglich, wie
Kunst abstrakt zu umschreiben. Denn wie Wahrheit vollzieht sich auch
Kunst in der konkreten Begegnung.

Daraus ergibt sich die verfassungsrechtlich wesentliche Folge, daß
ein qualitativer Kunstbegriff nicht begründet werden kann, da die Gewährleistung der Freiheit das Wahre zu suchen und zu gestalten, auch
die Freiheit zum Mißlingen umfassen muß. Für diese Ansicht spricht
die sachliche Nähe zur Freiheit der Wissenschaft, die auch die Freiheit
zum Irrtum einschließt. Genauso wenig wie ein Gericht die Frage nach
dem Wahrheitsgehalt wissenschaftlicher Forschung stellen darf, kann
es entscheiden, ob ein Kunstwerk „gelungen" sei, oder das Gewissen
sich im Irrtum befunden habe[56]. Sieht man in dem Kennen und Erkennen ein wesentliches Merkmal der Sachstruktur der Kunst und in
der Kunstfreiheit eine Freiheit zur Wahrheitssuche, so ist damit die
These, Kunst zeichne sich durch Künstlichkeit aus[57], unvereinbar. Denn
die Künstlichkeit besteht darin, daß etwa ein Film eine frei erdachte
Handlung wiedergibt, zu den in ihm dargestellten Vorgängen aber
selbst nicht Stellung nimmt[58]. Die Kunst wird nach dieser Meinung
durch die einseitige Akzentuierung des Angefertigten, des „Dinghaften"[59] auf eine Unwirklichkeit reduziert, der gerade eine unmittelbar
aktuelle Wirkung versagt sein soll. Sie läßt daran zweifeln, ob Kunstfreiheit auch noch für den gilt, der etwas damit meint und will offen-

---

[55] *M. Heidegger*, Der Ursprung des Kunstwerkes, Holzwege, S. 25: „Im Werk
der Kunst hat sich die Wahrheit des Seienden ins Werk gesetzt."

[56] Vgl. *Willi Geiger*, Gewissen usw., S. 52 ff., 67.

[57] So BVerwGE 1, S. 303 (Sünderin-Urteil).

[58] BVerwGE 1, S. 303 2. LS.

[59] So *Arndt*, Die Kunst im Recht, NJW 1966, S. 25 f., 27.

bar zwischen bloßer „Darstellung" und „Verherrlichung" unterscheiden. Das OVG Münster[60] hat der Ansicht des Bundesverwaltungsgerichts mit Recht widersprochen, Kunst und Meinungsäußerung gegeneinanderzustellen. Hat das Bundesverwaltungsgericht im „Sünderin-Urteil" immerhin im Ergebnis Mut gezeigt, so stellt das OVG Münster, in vielleicht unbewußter Sorge vor zuviel Kunstfreiheit, diese unter den Gesetzesvorbehalt der „allgemeinen Gesetze" des Art. 5 Abs. 2 GG.

Von der richtigen Erkenntnis ausgehend, daß ein und dasselbe Tun zugleich von zwei Grundrechten geschützt sein kann — hier von der durch die allgemeinen Gesetze beschränkten Meinungsfreiheit des Art. 5 Abs. 1 GG und von der ohne ausdrückliche Schranken garantierten Kunstfreiheit des Art. 5 Abs. 3 GG —, folgert das Gericht, daß der, dem zwei Grundrechte gewährt sind, sich nur auf das schwächere der beiden berufen dürfe[61]. Das OVG Münster will volle Kunstfreiheit nur im internen privaten Kreis gewähren und sie als Meinungsäußerung deren Beschränkungen unterwerfen, sobald der Kunstschaffende an die Öffentlichkeit tritt. Das Gericht hat damit das Prinzip der Schrankenkumulation angewendet. Werde ein und dieselbe Handlung von mehreren Grundrechten geschützt, so könne sich deren Träger nur auf das eingeschränktere der beiden berufen. Gegen diese These bestehen erhebliche Einwände. Sie muß einmal dort versagen, wo zwei dem Wortlaut nach nicht einschränkbare Grundrechte miteinander konkurrieren. Ferner setzt sich in den Fällen grundrechtlicher „Idealkonkurrenz" immer die engere Schranke durch. Lerche[62] hat dagegen eingewendet, mit weit mehr Recht könne der gegenteilige Schluß gezogen werden. Deshalb kann auch nicht der These von Knies zugestimmt werden, die weitzufassende Meinungsfreiheit sei eine partielle Kunstfreiheitsgarantie und unterliege deshalb deren Schranken[63]. Auch für die übrigen, durch Art. 5 Abs. 1 GG nicht erfaßten künstlerischen Äußerungsformen, gelte die Schranke der „allgemeinen Gesetze", weil die Übereinstimmung der Konfliktsituationen für alle Kunstformen auch gleichartige Konfliktslösungen verlange. Genauso wenig wie die

---

[60] OVG Münster, NJW 1959, S. 1892 mit Anmerkung von *Hamann*.

[61] Hierzu kritisch *Maunz*, BayVBl. 1955, S. 215 f.; *Arndt*, NJW 1966, S. 25, 28; *Ridder*, JZ 1960, S. 420; *Hamann*, NJW 1959, S. 1891; ablehnend auch *Ropertz*, Die Freiheit der Kunst nach dem GG, S. 43, 44; und OVG Koblenz, DVBl. 1966, S. 578.

[62] *Lerche*, Übermaß, S. 128; ders., Werbung und Verfassung, S. 103. Die Unzulänglichkeit der Konkurrenzlehre liegt darin, daß sie eine Konformität der Grundrechte samt ihres Schrankenmechanismus voraussetzt, wie sie das Grundgesetz nicht kennt. Selbst *R. Smend*, der dem Systemgedanken im Grundrechtskatalog sehr aufgeschlossen gegenüberstand, warnte davor. die Grundrechte nicht „als ein technisch ineinander verzahntes, geschlossenes System" mißzuverstehen (in Verfassung und Verfassungsrecht, S. 163).

[63] *Knies*, Schranken der Kunstfreiheit, S. 287.

Gewissensfreiheit auf das forum internum kann volle Kunstfreiheit auf den privaten Kreis beschränkt werden. Auch die von Knies geforderte „rechtsstaatliche Verfeinerung der allgemeinen Gesetze"[64] kann nicht verhindern, daß auf Grund der Polizeigesetze das vorher bejahte Zensurverbot für jegliche Art künstlerischer Äußerung durch Präventivmaßnahmen wieder aufgehoben werden kann.

Eine begrüßenswerte Korrektur des Kunstbegriffes in der Rechtsprechung hat der 5. Senat des Bundesverwaltungsgerichts in seiner Entscheidung vom 12. 1. 1966 gebracht[65]. Das „Sünderin-Urteil", das Kunst als etwas Erdachtes ohne eigene Stellungnahme ausgegeben hat, hat ohnehin keine Gefolgschaft gefunden[66]. Einerseits bezog es die gesamte belletristische Literatur bis zum trivialsten Groschenroman in die Freiheit der Kunst ein, auf der anderen Seite lieferte es engagierte Werke dem Zugriff der Bundesprüfstelle aus. Die Bereicherung durch dieses Urteil liegt in einer Reihe von Tatsachen, die für den künstlerischen Wert eines Werkes irrelevant sein sollen. So kann die Aufteilung einer Verlagsproduktion nach stofflichen Gesichtspunkten keinen Maßstab für die Bewertung der einzelnen Bücher bieten. Die Aufnahme eines Buches in einer „Krimi-Reihe" habe deshalb keine Aussagekraft für ihren künstlerischen Wert oder Unwert. Unmaßgeblich sei auch, daß der Verlag das Buch nicht als künstlerisch beurteilte. Denn „die Geschichte des Buchwesens lehrt zur Genüge, daß Verleger ihnen angebotene Manuskripte in Verkennung deren Wertes abgelehnt hätten". Schließlich sei auch nicht relevant, daß der Verfasser selbst durch sprachliche Unrichtigkeiten seine geringe Achtung vor dem eigenen Werk bezeugt habe, denn „auch Homer habe mitunter geschlafen und Goethe sich geirrt".

Damit dürfte das Bundesverwaltungsgericht durch Vermehrung, wenn auch „negativer" Hilfsgesichtspunkte einen Schritt vorwärts getan haben, den wegen seiner „vorrechtlichen" Sachstruktur schwer greifbaren Normbereich der Kunst weiter konkretisieren zu helfen[67].

---

[64] *Knies*, a.a.O., S. 288.

[65] BVerwG, NJW 1966, S. 2374.

[66] Vgl. *Ropertz*, Die Freiheit der Kunst, S. 41, der durch diese Entscheidung eine unangebrachte Ausweitung und Entleerung des Kunstbegriffs befürchtet; ferner *L. Hack*, Filmzensur in der BRD, in Frankfurter Hefte, 1964, S. 705, 787, der sich mit Recht dagegen wendet, daß hier Grundrechtsschutz für nicht schutzwürdige Werke gewährt werde.

[67] Vgl. die zustimmende Anmerkung von *Leonardy*, NJW 1967, S. 714 ff. Die allgemeine Bedeutung dieses Urteils liegt darin, daß das BVerwG die seit dem Lüth-Urteil des BVerfG praktizierte Güterabwägung, nach der ein Grundrecht nur dann gilt, wenn es nicht gleich- oder höherrangigen Interessen widerspricht, hier ausdrücklich für nicht anwendbar hält. „Denn die Güterabwägung zwischen Jugendschutz und Kunstfreiheit hat der Gesetzgeber selbst vorgenommen. Kunstschutz geht vor Jugendschutz. Das ist der Preis für das Grundrecht der Kunstfreiheit", BVerwG, NJW 1966, S. 3274, 2377.

7*

Die Freiheitsgarantie von Wissenschaft und Forschung in Art. 5 Abs. 3 GG ist ein weiteres Beispiel der verfassungsrechtlichen Anerkennung eines in seinem Kern durch Unterverfassungsrecht nicht formbaren Bereichs. Wie der Freiheit der Kunst liegt dem Bekenntnis zur Freiheit der Wissenschaft und Forschung die Einsicht zugrunde, daß der auf der Menschenwürde gegründete Staat die Freiheit der Wissenschaft als eine Wahrheitsfrage nicht ohne Einbuße an Menschlichkeit unterdrücken oder übergehen kann. Freiheit zur Wahrheitssuche muß demnach auch Freiheit zum Irrtum sein.

Unabhängig von einzelnen Gewährleistungen des Normbereichs der Wissenschaft und Forschung verbietet es seine Eigenständigkeit, ihm einen staatsbezogenen, instrumentalen Charakter beizulegen[68]. Die Eigenständigkeit seines Sachbereichs muß auch den Versuchen entgegentreten, die ihn als Unterfall der Meinungsfreiheit mit den Konsequenzen ihrer Schrankengeltung ansehen[69]. Da der auf die Mündigkeit seiner Bürger vertrauende, freiheitlich konzipierte Staat den Vorgang der Wahrheitssuche nicht behindern darf, will er sich nicht in einen repressiven Weltanschauungsstaat verkehren, muß die Freiheit der Wissenschaft auch und vor allem die Garantie der subjektiven Freiheit zur wissenschaftlichen Forschung sein[70]. Deshalb muß auch eine beamtenrechtliche Amtspflicht für Professoren im Hochschuldienst dort ihre Grenzen finden, wo sie Erkenntnismethode und Erkenntnisgegenstand vorschreiben würde. Allein die Pflicht, wissenschaftlich tätig zu werden, berührt die Freiheit von Wissenschaft und Forschung nicht. Deren Normbereich auf die exakten Wissenschaften zu begrenzen, wie es Klein vorgeschlagen hat[71], würde ihn auf die Gewährleistung der naturwissenschaftlichen Forschung beschränken, sofern man deren Exaktheit nicht ebenfalls bezweifelt[72]. Sieht man in Wissenschaft und Forschung Akte der Wahrheitssuche — hierin besteht eine

---

[68] So *Köttgen*, Grundrechte II, S. 303.

[69] *Klein*, K X 2 zu Art. 5 GG; *Köttgen*, a.a.O., S. 302.

[70] Abzulehnen ist deshalb die Auffassung Köttgens (S. 302), der in der Wissenschaftsfreiheit eine ausschließlich institutionelle Garantie sieht. Köttgen verkennt, daß sich die Institution nicht aus sich heraus trägt; so *Esser*, Wertung, Konstruktion und Argument, S. 12; vgl. *Häberle*, Wesensgehaltgarantie, S. 70 ff., die personenrechtliche „Seite" der Grundrechte erfülle die institutionelle erst mit Leben. *Klein*, K X 2 b zu Art. 5 GG sieht in Art. 5 Abs. 3 GG eine dreifache Gewährleistung enthalten: Die Garantie der gesellschaftlichen Sachverhalte Kunst, Wissenschaft, Forschung und Lehre; die subjektiv öffentlichen Rechte auf Freiheit der Betätigung in Kunst, Wissenschaft, Forschung und Lehre; und die Garantie der akademischen Selbstverwaltung; die subjektive „Seite" kommt auch bei der institutionell betonten Betrachtungsweise *Friesenhahns* zu kurz (in: Recht, Staat, Wirtschaft III, S. 51—65).

[71] *Klein*, K X 4 a zu Art. 5 GG, S. 254.

[72] Ablehnend hierzu auch *Köttgen*, a.a.O., S. 305.

Verwandtschaft zur Kunst —, so können sie nicht auf bestimmte Erkenntnisobjekte und Erkenntnismittel beschränkt werden.

Die Grundrechte der Freiheit des Gewissens, der Kunst und der Wissenschaft sind eigengeprägte Sachbereiche[73], die von der Verfassung lediglich anerkannt werden, aber rechtlich nicht formbar sind. Daß dies durchaus keine Selbstverständlichkeit ist, beweist die zitierte Rechtsprechung, die Gewissens- und Kunstfreiheit in wohl unbewußter Furcht vor ihrer Unbegrenzbarkeit, in methodisch und dogmatisch bedenklicher Weise als scheinbar unselbständige Gewährleistungen einschränkbarer Grundrechte ausgibt, um sie deren Gesetzesvorbehalte zu unterstellen. Unbehagen verursachen nicht nur die teilweise gekünstelten Konstruktionen. Dahinter steht das Nichterkennen oder Nichterkennenwollen der Tatsache, daß die Verfassung bewußt eigenständige, rechtlich nicht formbare Bereiche aus dem politischen und staatsbezogenen Integrationsprozeß ausgeklammert hat. Damit hat sie selbst eine politische Entscheidung zugunsten des freiheitlich konstituierten Zusammenlebens in unserem Gemeinwesen getroffen.

2. Rechtserzeugte Grundrechte, veranschaulicht anhand der Art. 101, 103 und 104 GG

Eine ganz andere Gruppe von Grundrechten repräsentieren die „Prozeßgrundrechte" des Art. 103 GG. Im Gegensatz zur Freiheit der Kunst, des Gewissens, der Wissenschaft und Forschung, mit denen eigenständige Sachbereiche verfassungsrechtlich nur anerkannt werden, verdanken diese Rechte ihre Entstehung und Geltung der Rechtsordnung selbst. Sie sind rechtserzeugt. Durch Art. 103 Abs. 1 GG sollen die in den jeweiligen Verfahrensordnungen aus legitimen Gegeninteressen resultierenden Beschränkungen des rechtlichen Gehörs nicht beseitigt werden[74]. Art. 103 Abs. 1 GG entfaltet, soweit eine spezielle verfahrensrechtliche Ausgestaltung besteht, nur mittelbare Wirkung, indem er als Auslegungsgrundsatz im Zweifel die Gewährung rechtlichen Gehörs gebietet[75]. Maßgebend bleibt damit in erster Linie die Ausgestaltung des rechtlichen Gehörs in den jeweiligen unterverfassungsrechtlichen Verfahrensordnungen; auszugehen ist von dem „vorverfassungsmäßigen Gesamtbild des Prozeßrechts"[76]. Art. 103 Abs. 1 GG erschöpft

---

[73] Die Terminologie bei *Klein, K.,* der von „natürlichen Lebensbereichen" spricht, ist mißverständlich, da auch die Normbereiche der Gewissens-, Kunst- und Wissenschaftsfreiheit immer nur unter dem hermeneutischen Blickwinkel ihrer Freiheitsverbürgungen in den rechtlichen Entscheidungsprozeß eintreten.

[74] BVerGE 9, S. 89 ff., 95.

[75] i. d. S. *Maunz-Dürig,* Rdnr. 25 zu Art. 103 Abs. 1 GG.

[76] BVerfGE 9, S. 89 ff., 96.

sich aber nicht in einer verfassungsrechtlichen Verstärkung des durch die Verfahrensordnungen konkretisierten rechtlichen Gehörs[77]. Das Bundesverfassungsgericht hat mit Recht unmittelbar daraus Anhörungspflichten hergeleitet[78], wenn eine entsprechende unterverfassungsrechtliche Vorschrift fehlte. Art. 103 Abs. 1 GG ergänzt und korrigiert damit die in den speziellen Verfahrensvorschriften ausgestalteten Formen des rechtlichen Gehörs.

Desgleichen sind die Art. 103 Abs. 2 und 3 GG, die die Rückwirkung von Strafgesetzen und die Wiederholung einer verbrauchten Strafklage verbieten, längst anerkannte Grundsätze der Strafrechtspflege. Ihre formelle Rangerhöhung hat ihren Aussagegehalt nicht verändert.

Ebenso sind die Rechtsgarantien bei Freiheitsentziehung nach Art. 104 GG rechtserzeugt und durch unterverfassungsrechtliche Verfahrensvorschriften, insbesondere der StPO und des Vormundschaftsrechts geprägt.

Das in Art. 101 Abs. 1 GG verbürgte Recht auf den gesetzlichen Richter findet sich bereits in den meisten deutschen Landesverfassungen des 19. Jahrhunderts[79]. Art. 105 WRV hat diese Tradition fortgesetzt.

3. Unterschiedliches Mischungsverhältnis von rechts- und sachgeprägten Normbereichen bei einer Ausgestaltungsfunktion des einfachen Gesetzgebers im Falle der Art. 14 Abs. 1 S. 2 und Art. 12 Abs. 1 S. 2 GG

Neben sach- und rechtserzeugten Grundrechten läßt sich eine dritte Gruppe feststellen, in der das Unterverfassungsrecht in einem verschiedenen Umfang an deren Inhaltserfüllung beteiligt ist. Häberle[80] hat die Gesetzesvorbehalte in Ausgestaltungs- und Begrenzungsvorbehalte eingeteilt. Diese auf die gesetzgeberische Funktion im Grundrechtsbereich zugeschnittene Unterscheidung behält auch für eine an der Sachstruktur der einzelnen Normbereiche orientierten Betrach-

---

[77] Die gegenteilige Ansicht des BayVerfGH in E 4, S. 21 ff., 28; 10, S. 1 ff., 3 wird von *Maunz-Dürig*, Rdnr. 23 zu Art. 103 Abs. 1 GG und BVerfGE 9, S. 89 ff., 96 abgelehnt.

[78] BVerfGE 6, S. 12; 7, S. 95 ff., 98; nach E 6, S. 12 ff. dürfen im Beschwerdeverfahren nach § 74 a Abs. 5 S. 2 ZVG nur solche Tatsachen und Beweisergebnisse verwertet werden, zu denen sich die Beteiligten äußern konnten.

[79] Vgl. § 18 S. 2 BayVerf. v. 1818 (*Huber*, Dokumente I, S. 147); II § 15 S. 1 der BadVerf. v. 1818 (*Huber*, a.a.O., S. 158); III § 26 S. 1 der Württemb.Verf. v. 1819 (*Huber*, a.a.O., S. 174); IX § 114 S. 1 Hess.Verf. v. 1831 (*Huber*, a.a.O., S. 217); ferner IV § 25 des Siebzehner-Entwurfs der Reichsverfassung v. 1848 (*Huber*, a.a.O., S. 290).

[80] *Häberle*, Wesensgehaltgarantie, S. 140 ff.

tungsweise ihre Bedeutung[81]. Die den einzelnen Gesetzesvorbehalten zugeordnete Gesetzgebung kann die Geltungskraft der Grundrechte nicht nur einschränken, sondern auch bekräftigen. Soweit die Verfassung die Inhaltsbestimmung oder Regelung eines Grundrechts ausdrücklich dem Gesetzgeber überlassen hat, nähert sich dessen Sachstruktur stark den rechtserzeugten Grundrechtsnormen. Jede gesetzliche Berufsregelung, wie die Inhalts- und Schrankenbestimmung des Eigentums, ist eine Grundrechtsausfüllung. Art. 14 Abs. 1 S. 1 GG enthält eine normative, dem Art. 3 Abs. 1 GG vergleichbare Besonderheit. Wie der Gleichheitsgrundsatz seinen Normbereich erst durch die an ihm zu messenden normativen Leitgedanken der formellen einfachen Gesetze erhält, fehlt auch dem Eigentum von Haus aus ein eigener Normbereich.

Dieser wird erst durch die einfache Gesetzgebung ausgefüllt. Art. 14 Abs. 1 S. 1 GG zieht nur den Rahmen, innerhalb dessen der Gesetzgeber gestaltend tätig werden darf und muß. Er ist eine ausfüllungsbedürftige Blankettnorm, die sich erst im Zusammenspiel mit der einfachen Gesetzgebung vollendet[82]. Jeder Versuch, im Eigentum des Art. 14 Abs. 1 GG eine vorkonstitutionelle, gleichsam naturrechtliche Größe zu sehen, verfehlt dessen Sachstruktur[83]. Nur wer im Eigentum einen festen substanzhaften Begriff sieht, kann einen Widerspruch darin finden, daß es durch Art. 14 Abs. S. 1 GG gewährleistet, und in S. 2 seine inhaltliche Gestaltung dem Gesetzgeber überlassen wird. Dieser Widerspruch löst sich auf, wenn man Art. 14 Abs. 1 S. 1 GG nur als Rahmenbegriff versteht, der den Gesetzgeber an gewisse Mindestgarantien bindet, inhaltlich aber nicht determiniert ist. Bestimmte privat- oder öffentlich-rechtlich begründete vermögenswerte Zuordnungsverhältnisse werden damit nicht auf einen status quo festgelegt[84]. Es bleibt ein weiter Spielraum der geschichtlichen Wandelbarkeit des Eigentums erhalten. Die historische Entwicklung des Eigentumsbegriffs

---

[81] Selbst wenn man nicht dem positivistischen Irrtum erliegt, Normtext und Norm zu identifizieren, und auch nicht geschriebene Grundrechtsvorbehalte anerkennt, ist der Auffassung *Häberles*, mit dem Auftrag des Art. 20 Abs. 1 GG an den Gesetzgeber zur Sozialgestaltung werden zulässigerweise alle Grundrechte begrenzt, nicht zu folgen. Mit solchen Pauschalaussagen werden die eigengeprägten Sachstrukturen der Grundrechte zugunsten eines einseitig staatsbezogenen Denkens vereinheitlicht. Die Einheit der Verfassung besteht aber nicht in einem in sich geschlossenen, letztlich unbewiesenen Wertsystem, das es gestattet, Grundrechte ohne ausdrücklichen Gesetzesvorbehalt ohne weiteres im Interesse angeblicher gleich- oder höherwertiger Rechtsgüter zu begrenzen.

[82] So *Lerche*, Übermaß, S. 140, 141.

[83] Vgl. *Rupp*, Grundfragen, S. 235 ff., 238, 242.

[84] So *Weber*, Grundrechte II, S. 356.

selbst ist hierfür ein paradigmatisches Beispiel. Gesellschaftliche Strukturwandlungen haben seit jeher den Eigentumsbegriff mitbestimmt. In dem noch vorwiegend agrarbestimmten Wirtschaftssystem Deutschlands bis zur Mitte des 19. Jahrhunderts war eine Beschränkung der Eigentumsgarantie auf Grund und Boden durchaus sinnvoll. Industrialisierung, Arbeitsteilung und Verknappung von Bauland veränderten die wirtschaftliche Existenz des Individuums grundlegend. Die vermögensbildende Funktion des Erwerbs von Grund und Boden wurde zurückgedrängt durch die vielfältigen Beziehungen schuldrechtlicher, insbesondere arbeitsrechtlicher und verwaltungsrechtlicher Art. Abschluß von Lebensversicherungsverträgen, Erwerb von Wertpapieren und Sicherheit des Arbeitsplatzes bieten der heutigen Gesellschaft mehr wirtschaftliche Existenzsicherung als Grundstückskäufe. Deshalb muß die Eigentumsgarantie neben dem Sacheigentum auch sonstige Vermögenspositionen umfassen, kraft deren sich der einzelne durch eigene Leistung zu behaupten vermag. Daß hierzu auch öffentlichrechtlich begründete Positionen gehören können, ist anerkanntes Recht[85]. Rupp hat nachgewiesen, daß im Verhältnis Staat—Bürger der Eigentumsbegriff zivilistischer Prägung nicht unmittelbar anwendbar ist[86]. Die ständige Ausrichtung der Enteignungsfähigkeit öffentlichrechtlicher Vermögenspositionen an den Merkmalen des von bürgerlichem Recht geformten Eigentumsbegriffs kann in der Tat nur eine Notlösung sein, da es bisher noch nicht gelungen ist, einen öffentlichrechtlichen, d. h. durch Normen des Verwaltungsrechts konstruierten Eigentumsbegriff zu erarbeiten. Die Hauptschwierigkeit dürfte darin liegen, die Gewöhnung zu überwinden, daß das zivilrechtliche Institut des Eigentums im Verhältnis des einzelnen zur Exekutive ohne inhaltliche Wandlung ohne weiteres funktionsfähig sei.

Ein weiteres Grundrecht, das den Gesetzgeber beauftragt, erst einen Normbereich aufzubauen, ist Art. 12 Abs. 1 GG. Das Grundgesetz hat hier nicht eine Inhaltsbestimmung, sondern die Befugnis zur Regelung eingeräumt. Das Bundesverfassungsgericht[87] widerspricht sich selbst, wenn es einerseits den Begriff „regeln" so versteht, der Gesetzgeber habe dadurch keinen weiteren Spielraum als beim üblichen „Begrenzungsvorbehalt" und könne das Berufsrecht nicht umfassender regeln, andererseits daraus entnimmt, damit sei eine nähere Bestimmung der Grenzen von innen her, der im Wesen des Grundrechts selbst angelegten Grenzen gemeint.

---

[85] BVerfGE 11, S. 226; 14, S. 293.

[86] *Rupp*, Grundfragen, S. 238.

[87] BVerfGE 7, S. 377 ff., 403 f.

Mit letzterer Sinndeutung bekennt sich das Bundesverfassungsgericht zu einer wenn auch begrenzten inhaltlichen Ausgestaltungsbefugnis[88] des Berufsrechts durch den Gesetzgeber. Die Ausgestaltung der Berufsausübung steht als Akt fortlaufender Berufswahl in den Schranken ihrer umfassenden Gewährleistung. Deshalb ist die Regelungsbefugnis des Gesetzgebers um so freier, als sie reine Berufsausübung, um so enger, als sie sich der Berufswahl nähert[89]. Ein Eingriff in die Berufswahl sei nur zum Schutz überragend wichtiger Gemeinschaftsgüter zulässig. Die Formel von den vordringlichen Gemeinschaftsgütern ist in mehrfacher Hinsicht bedenklich[90]. Einmal wird mit ihrer Hilfe ein subtiles System von Grundrechtsschranken zerstört. Andererseits sind ihre Inhalte beliebig austauschbar, da sie hermeneutisch nicht analysiert sind. Die einschlägige Rechtsprechung des Bundesverwaltungsgerichts hat dies eindrucksvoll demonstriert. Ohne nähere Begründung rechnet es so undifferenzierte Gehalte, wie „Volksgesundheit"[91], „geordnete Verhältnisse im öffentlichen Verkehr"[92], „Sicherung einer geordneten Rechtspflege"[93], „das Sittengesetz i. S. der allgemeinen grund-

---

[88] Im Sinne einer gesetzgeberischen Ausgestaltungsfreiheit verstehen auch *Scheuner*, Handwerksordnung und Berufsfreiheit, S. 16 und *Ipsen*, Apothekenerrichtung und Art. 12 des GG, S. 41 f. die Regelungsbefugnis in Art. 12 Abs. 1 S. 2 GG. Der Begriff „Ausgestaltung" wird hier in einem engeren Sinn als bei *Häberle*, Wesensgehaltgarantie, S. 186 verstanden. Seine Verwendung ist dort berechtigt, wo der einfachen Gesetzgebung vom Grundgesetz die Funktion übertragen wird, einzelne grundrechtliche Normbereiche erst zu schaffen, wie etwa in Art. 14 Abs. 1 S. 2 und beschränkter in Art. 12 Abs. 1 S. 2 GG, nicht aber in den Fällen, wo der einfache Gesetzgeber die bereits im Grundrecht selbst angelegten Grenzen konkretisiert.

[89] BVerfGE 7, S. 377 ff., 409 mit Zustimmung von *Bachof*, JZ 1958, S. 468; *Nipperdey*, Grundrechte IV/2, S. 889; ablehnend *Lerche*, Übermaß, S. 108; *Ehmke*, VVStRL 20, S. 96 f.; *Knies*, Schranken der Kunstfreiheit, S. 94.

[90] Die „vordringlichen Allgemeininteressen" finden sich vor allem in der älteren Rspr. des BVerwG. In E 1, S. 48 ff., 52; 1, S. 165 ff., 166; 1, S. 274; 2, S. 295 ff., 300; 2, S. 345 ff., 346; 4, S. 95 ff., 96; 4, S. 167 ff., 171 und noch in 5, S. 153, 159 finden sich Wendungen wie „Bestandsschutz der für die Gemeinschaft notwendigen Güter" (1, S. 52), „Gefährdung anderer Grundrechte", „Wahrung anderer gleich- oder übergeordneter Rechtsgüter". Seit dem Urteil des BVerfG in E 7, S. 377 ff. wendet das BVerwG sinngemäß die Schrankentrias des Art. 2 Abs. 1 GG auf Einzelgrundrechte an, vgl. BVerwGE 7, S. 358 ff., 361. Diese Judikatur hat auch im Schrifttum Zustimmung gefunden. Nach *H. Krüger*, NJW 1955, S. 204 enthält Art. 2 Abs. 1 GG eine Ermächtigung für staatsexistenzsichernde Gesetze; *Dürig* rechnet zur „verfassungsmäßigen Ordnung" des Art. 2 Abs. 1 GG auch die Sozialentscheidung des Grundgesetzes, wenn die Verfassung ihre Verwirklichung „fordere" (JZ 1957, S. 172). Auch in der oberverwaltungsgerichtlichen Rspr. finden sich zahlreiche Äußerungen, die entscheidend auf den Schutz zur Abwehr von Schäden von der Allgemeinheit u. ä. abstellen: so OVG Münster, DVBl. 1952, S. 572, 573; OVG Rheinland-Pfalz, DVBl. 1956, S. 691, 692; ferner BayVerfGH n. F. 7 II, S. 59, 64.

[91] BVerwGE 1, S. 48 ff., 52; 2, S. 345, 346; 4, S. 95, 96.

[92] BVerwGE 1, S. 92 ff., 95; 1, S. 165, 166.

[93] BVerwGE 2, S. 85 ff., 87.

legenden Anschauungen über die ethische Gebundenheit des einzelnen in der Gemeinschaft"[94] und den „Schutz anderer Grundrechte"[95] hierher. Dabei bleibt offen, ob denn das „andere Grundrecht" nicht seinerseits zum Schutze des ersteren beschränkbar ist. Die gleitende Relativierbarkeit der „vordringlichen Allgemeininteressen" wird besonders deutlich, wo ihr Gebrauch auf ein Willkürverbot hinausläuft[96].

Das Bundesverfassungsgericht hat mit Recht diese Rechtsprechung kritisiert[97]. Steht fest, daß eine gesetzliche Maßnahme den Wesensgehalt eines Grundrechts tangiere, so sei die Prüfung der unabweisbaren Notwendigkeit dieses Eingriffs, wie sie das Bundesverwaltungsgericht anstelle, „gegenstandslos", da sie dem klaren Wortlaut des Art. 19 Abs. 2 GG zuwiderlaufe. Man mag über die Funktion des hier zur Begründung herangezogenen Art. 19 Abs. 2 GG geteilter Meinung sein[98], jedenfalls hat das Verfassungsgericht die in dem Gebrauch der „vordringlichen Allgemeininteressen"-Klausel liegende Gefahr der Relativierung grundrechtlicher Geltungsbereiche klar erkannt. Damit wird nicht verkannt, daß grundrechtliche Normbereiche, soweit sie nicht erst durch die einfache Gesetzgebung aufgebaut werden, nicht nur durch ausdrücklich ihnen zugeordnete Gesetzesvorbehalte ergänzt, verdeutlicht und damit auch begrenzt werden können. Genauso wenig wie sich die Strukturen der Grundrechte vereinheitlichen lassen, können sie durch eine flexible, weitgehend unrationalisierte Formel unter einen generellen Gesetzesvorbehalt gestellt werden. Die Grundrechte sind sinnvoll aufeinander bezogene, aber doch individuelle Garantiebereiche.

---

[94] BVerwGE 1, S. 303 ff., 307.

[95] So in E 1, S. 92 ff., 94, 95; 2, S. 346, 348; 5, S. 283 und 5, S. 286, 288, wo von anderen gleich- oder übergeordneten Rechtsgütern die Rede ist.

[96] Paradigmatisch hierzu E 2, S. 89 ff., 94, 95. Zunächst stellt das Gericht fest, daß die Bedürfnisprüfung nach § 157 Abs. 3 ZPO, ob ein Prozeßagent zur Parteienvertretung zuzulassen ist, das Grundrecht des Art. 12 Abs. 1 S. 1 GG in seinem Wesensgehalt aushöhle, um anschließend mit Hilfe der Inbegriffsklausel die Beschränkung zu rechtfertigen. Ob ein Bedürfnis auf Zulassung bestehe, dürfe nur danach geprüft werden, ob sie dem Interesse der Rechtspflege, insbesondere dem der Rechtsuchenden diene. Das „überragend wichtige Gemeinschaftsinteresse an einer geordneten Rechtspflege" wird zwar als besonderer Rechtfertigungsgrund für eine Wesensgehaltverletzung ausgegeben, dient im Ergebnis jedoch nur dazu, willkürliche Überlegungen bei der Bedürfnisprüfung nach § 157 Abs. 3 ZPO auszuschließen. Befremdend ist auch der Entscheidungsstil. Das zunächst feststehend scheinende Ergebnis, — Verletzung des Art. 12 Abs. 1 S. 1 GG wird unversehens durch die Innbegriffsklausel wieder umgestoßen, so daß man nicht sicher ist, ob sich hinter der Ausnahme nicht eine weitere, die erste wiederum einschränkende verbirgt.

[97] BVerfGE 7, S. 377 ff., 411.

[98] Überblick bei *Häberle*, Wesensgehaltgarantie, S. 1 ff.

4. Gemischte sach- und rechtsgeprägte Normbereiche bei einer Begrenzungsfunktion des Gesetzgebers, unter Berücksichtigung der Güterabwägungslehre

Eine weitere Gruppe von Grundrechten ist dem Gesetzgeber zur Begrenzung überlassen worden. In der Grundrechtsterminologie finden sich hierfür Formulierungen wie „diese Rechte finden ihre Schranken"[99], „dieses Recht kann durch Gesetz beschränkt werden"[100]. Diese Wortwahl mag wohl das Schranken- und Eingriffsdenken begünstigt haben, die Grundrechte als festumrissene, in sich ruhende Reservate individueller Freiheitsbetätigungen zu sehen, die von außen her durch „Eingriff" der Gesetzgebung bis zur Wesensgehaltsgrenze des Art. 19 Abs. 2 GG verkürzt werden dürfen[101]. Häberles[102] Verdienst war es, wenn auch selbst zu weit gehend, die Einseitigkeit dieses Denkschemas aufgezeigt zu haben. Denn jede Schrankenziehung ist zugleich ein Stück Inhaltserfüllung[103]. Damit läßt sich die Struktur der Normbereiche dieser Grundrechte (angesprochen sind in erster Linie die Art. 2 Abs. 1, 5 Abs. 1, 8 bis 11 GG) als relativ gleichmäßig sach- wie rechtsgeprägt bezeichnen. Freiheit der Person, der Meinungsäußerung und der Presse, der Versammlung und Vereinigung, Schutz des Brief- und Postgeheimnisses sowie Recht auf Freizügigkeit haben eigenständige Sachstrukturen, sind aber traditionell durch das Gesetz mitgeformt worden. Mit den grenzen- und schrankenziehenden Gesetzen zieht der Gesetzgeber die schon durch die Verfassung vorgezogenen Linien nur kräftiger und deutlicher nach. Sind diese Normierungen infolge ihrer auch inhaltsbestimmenden Wirkung Bestandteil des Normbereichs, so wird dadurch ein Konflikt zwischen dem Geltungsanspruch des Grundrechts und der begrenzenden niederrangigen Norm im konkreten Fall nicht ausgeschlossen. Speziell an Art. 5 Abs. 2 GG entbrannte der Streit über die Konfliktsschichtung zwischen „allgemeinem" Gesetz und der Freiheit der Meinungsäußerung. Einigkeit besteht darüber, daß die Allgemeinheit des Gesetzes verlangt, daß es sich nicht gegen eine spezielle Meinung richtet[104]. Das Bundesverfas-

---

[99] Vgl. Art. 5 Abs. 2 GG.

[100] Vgl. Art. 2 Abs. 2 S. 2; Art. 8 Abs. 2; Art. 10 S. 2; Art. 11 Abs. 2 GG.

[101] *Maunz*, Staatslehre, S. 93 f.; *Klein*, K., S. 131; *Hamann*, K., Anm. 32 zu Art. 19 GG, und *Bachof*, Grundrechte III/1, S. 155 ff., 208, der daneben verdeutlichende (Art. 5 Abs. 2 GG) und ausgestaltende (Art. 14 Abs. 1 S. 2 GG) anerkennt. Insoweit übereinstimmend mit *Lerche*, Übermaß, S. 98 ff.

[102] *Häberle*, Wesensgehaltgarantie, S. 126 ff.

[103] *Häberle*, a.a.O., S. 131.

[104] Vgl. *Anschütz*, K., Anm. 2—4 zu Art. 118 WRV, S. 552—556, „allgemeine Gesetze sind solche, die sich nicht gegen die Äußerung der Meinung als

sungsgericht hat aber aus der für die demokratische Lebensform konstitutiven Bedeutung der Freiheit der Meinungsäußerung gefolgert, daß deren Reichweite nicht der Beliebigkeit des Gesetzgebers — etwa durch Normierung neuer „allgemeiner Gesetze" — überlassen werden dürfe. Zwischen Meinungsfreiheit und den durch die allgemeinen Gesetze geschützten Interessen müsse eine Güterabwägung stattfinden[105]. Diese Methode hat das Gericht inzwischen auf andere Grundrechte übertragen[106].

---

solche richten"; *Maunz*, Staatsrecht, S. 90, „alle Gesetze, die sich nicht gerade gegen das durch die Meinungsfreiheit geschützte Rechtsgut als solche richten"; und *Ridder*, Grundrechte II, S. 282, „alle Gesetze, die nicht die rein geistige Wirkung der reinen Meinungsäußerung inhibieren".

[105] So BVerfGE 7, S. 210; einen Überblick über den Stand der Rspr. des BVerfG zur Freiheit der Meinungsäußerung gibt *Scholler*, in: BayVBl. 1968, S. 41 ff. Darin werden vier Entwicklungsstufen unterschieden: 1. Die Anerkennung des für die demokratische Staats- und Rechtsordnung konstituierenden Charakters der Meinungsfreiheit unter Bejahung einer eingeschränkten Drittwirkung. 2. Die Ausdehnung des Grundrechtsschutzes der Meinungsäußerungsfreiheit auf die Teilnahme an der Bildung der öffentlichen Meinung als Vorformung des staatsorganschaftlichen Willens im politischen Raum. 3. Die Gewährleistung der Pressefreiheit als eine institutionelle Garantie. 4. Einbeziehung der Presseangehörigen in den Schutz des institutionell gewährleisteten Pressebereichs.

[106] So im Apothekenurteil E 7, S. 377 ff. Die Stufentheorie ist ein differenzierter Ausdruck der zulässigen Intensität der gesetzlichen Regelung, die wiederum vom erforderlichen Maß der schutzwerten gegenläufigen Interessen bestimmt wird. In dem Urteil zum Sammlungsgesetz, NJW 1966, S. 1651, übernimmt das Gericht die bei Art. 12 Abs. 1 GG aufgestellten Grundsätze des Übermaßverbotes und Wahrung der Verhältnismäßigkeit auf die in Art. 2 Abs. 1 geschützte Entfaltung der Persönlichkeit. Damit hat das BVerfG entgültig die These anerkannt, daß jede Grundrechtsnorm nur dann gelte, wenn dem geschützten Freiheitsinteresse keine höherwertigen Rechtsgüter gegenüberstehen.

E. v. Hippel, Grundrechte, S. 26, bestätigt ihr eine „unausweichliche, geradezu naturrechtliche Richtigkeit" für die gesamte Rechtsordnung. Die Güterabwägung als methodologisches Mittel hat auch im Schrifttum Zustimmung gefunden; sie wird bejaht von *R. Smend*, Das Recht der freien Meinungsäußerung, Staatsrechtliche Abhandlungen, S. 89 ff., *Häberle*, Wesensgehaltgarantie, S. 32; *Herzog*, Die Einschränkung der Versammlungsfreiheit durch Gesetzgebung und Verwaltung, in: BayVBl. 1968, S. 77 ff., 80, 1. Sp., spricht von einer „offensichtlichen Wertskala des I. Abschnitts des Grundgesetzes" ohne sie aber auch nur andeutungsweise zu explizieren, und fordert für das Grundrecht der Versammlungsfreiheit und der sie begrenzenden einfachen Gesetze eine dem Lüth-Urteil nachgebildete Abwägung. Das Güterabwägungsprinzip ist zum gängigen methodischen Mittel des BVerfG geworden; vgl. E 6, S. 32 ff., 43; 7, S. 198 ff., 207 ff.; 7, S. 377 ff., 397; 12, S. 113 ff., 124; 15, S. 226 ff., 234; 17, S. 108 ff., 117. Zur Rspr. des BVerwG vgl. Anm. 65; hierzu kritisch *Bachof*, JZ 1957, S. 334 ff., 337, 340. Beispiel für eine Güterabwägung in der Rspr. des BGH bieten die E BGHSt 3, S. 375, 376 f.; BGHZ 24, S. 72; 35, S. 363 ff., 368; 36, S. 77 ff., 83; BGH, DÖV 1955, S. 727, 730.

Gegen die Güterabwägung als geeignetes methodisches Mittel haben sich ausgesprochen: *Lerche*, Übermaß, S. 129; *Leisner*, Grundrechte und Privat-

Die Kritik gegen die Güterabwägung richtet sich dagegen, daß sie aus einer Hierarchie der Verfassungsnormen[107] oder „aus einem System vorgestellter Werte"[108] eine Rangfolge der Grundrechte errichten muß, da sie selbst völlig formal ist. Güterabwägung, verstanden als Methode der Grundrechtsbegrenzung, in dem Sinn, daß Grundrechte nur gelten, soweit keine gleich- oder höherrangigen Interessen entgegenstehen, ist hermeneutisch unbrauchbar, solange die sich gegenüberstehenden Interessen nicht näher rationalisiert werden. Sie kann denn auch zu keiner konkreteren Aussage führen als der auf die Meinungsfreiheit bezogene Satz, es sei „bei der großen Bedeutung dieses Grundrechts aus Art. 5 GG ... dessen Berücksichtigung im Rahmen des Möglichen geboten"[109]. Noch bedenklicher wird das Interessen- oder Güterabwägungsverfahren dort, wo einfach Güter und „Werte" abstrakt gegenübergestellt werden, deren Rangfolge aus einer objektiven Werteskala abzulesen seien[110]. Namentlich der Bundesgerichtshof hat in Entscheidungen zum allgemeinen Persönlichkeitsrecht[111] sein Heil in einer „wohlverstandenen" Güterabwägung gesucht. An Stelle die Konkreti-

---

recht, S. 371 f., 393 f.; *Kaiser*, VVStRL 22, S. 178; *Ehmke*, VVStRL 20, S. 78 ff., 80; *Engisch*, Konkretisierung, S. 159; *v. Pestalozza*, Der Staat Bd. II, S. 447, 449; *Forsthoff*, Umbildung des Verfassungsstaates, in: Rechtsstaat im Wandel, S. 150 f., wenn auch dessen eigene Lösungsvorschläge wegen deren positivistischen Tendenz nicht überzeugen. Ferner *Bettermann*, Die allgemeinen Gesetze als Schranken der Pressefreiheit, JZ 1964, S. 601 ff.; *Müller*, Normstruktur, S. 208 ff., 188; *Arndt*, NJW 1966, S. 869; *Knies*, Schranken der Kunstfreiheit, S. 42 f.

[107] Hierzu *Ehmke*, VVStRL 20, S. 53, 78 ff., 80, 81.

[108] Hiergegen *H. Kaiser*, VVStRL 22, S. 178. *Lerche*, Übermaß, S. 129: „Der Grundrechtsteil der Verfassung gerät wachsend in die Gefahr, auf Kosten der in ihm enthaltenen formalen Elemente in ein Geflecht von Güterabwägungen gepreßt zu werden."

[109] BVerfGE 15, S. 288, 295; sehr bedenklich auch die Entscheidung des BVerfGE 7, S. 230 ff. Zur „Abwägung der sich gegenüberstehenden Interessen" (S. 234) aus dem Grundrecht des Art. 5 Abs. GG auf freie politische Meinungsäußerung und dem Abwehrrecht des § 1004 BGB gegen Eigentumsstörung werden folgende Kriterien für maßgeblich erachtet: Art der Meinungsäußerung (Größe der Wahlplakate, Stifte an der Außenmauer), der Umstand, daß der Mieter den Eigentümer nicht vor Anbringung der Wahlplakate um Erlaubnis fragte (S. 235); Eingriff in das Eigentum bei auch nur geringer Beschädigung der Außenmauer; die Tatsache, daß der Eigentümer nur um des Hausfriedens willen, nicht aus politischer Gegnerschaft die Anbringung der Wahlplakate verbot. Diese Beispiele mögen genügen, um zu zeigen, daß von einer „Abwägung" auf verfassungsrechtlicher Ebene nicht die Rede sein kann. Durch die „Interessenabwägung" ist das BVerfG unversehens auf eine rein unterverfassungsrechtliche Ebene geraten, die von vornherein die erwartete Klärung der Inhalte von Art. 5 Abs. 1 und Art. 14 Abs. 1 GG und deren Grenzen ausschließt.

[110] *Lerche*, Übermaß, S. 129 bezeichnet diese Verfahren als summarische Addition und Subtraktion von Grundrechten.

[111] Vgl. BGHZ, JZ 1957, S. 473 mit Anmerkung von *Hamel*, DVBl. 1957, S. 618 ff.; BGHZ 5, S. 76, 97.

sierung an den normativen Leitgedanken der jeweiligen Grundrechte auszurichten — sie sind die „Werte" und „Güter", deren Geltungsanspruch realisiert werden soll —, weicht der Bundesgerichtshof auf einen irrationalen, naiv naturrechtlichen Werthimmel aus, der feststehend, unmittelbar anwendbar sein soll[112]. Die Grundrechte werden dadurch ohne Rücksicht auf ihren transpersonalen — was nicht institutionellen heißen muß — Gehalt auf saldierte Verhaltensnormen verkürzt. Es ist schwer einzusehen, warum Grundrechte nur abwechselnd, je nach der Wertigkeit der mit ihnen kollidierenden Güter, gelten sollen. Wo „Güterabwägung" nur als Sammelname für die Ermittlung grundrechtlicher Normbereiche und deren Grenzen dient, ist sie nur noch eine mißverständliche und irreführende Formel[113]. Wenn das Bundesverfassungsgericht[114] eine Abwägung der kollidierenden Rechtsgüter für den ganz konkreten Einzelfall fordert, unter Einbeziehung aller konkreten Umstände, dann ist diese Methode der Sache nach keine Güterabwägung im Sinne einer Saldierung abstrakter „Werte", sondern die konkrete Abgrenzung von Normbereichen[115]. Speziell für die durch den Gesetzesvorbehalt in den Art. 5 Abs. 2, Art. 8 bis 11 GG gezogenen „Schranken" ist eine Güterabwägung nicht nur

---

[112] Zur Kritik am Naturrechtsdenken in der Rspr. des BGH vgl. *Esser,* Grundsatz und Norm, S. 41 ff.; *Evers,* Zum unkritischen Naturrechtsbewußtsein in der Rspr. der Gegenwart, JZ 1961, S. 241 ff., 247; *Herschel,* JZ 1967, S. 727 ff., sieht in dem wieder auflebenden Naturrechtsdenken mit eine Ursache fortschreitender Rechtsunsicherheit (S. 730, 731); *A. Kaufmann,* Zur rechtsphilosophischen Situation, JZ 1963, S. 137 ff.

[113] Vgl. *Arndt,* NJW 1966, S. 871 ff., der mit Recht feststellt, daß die Formel „Abwägung" in zunehmendem Maße die Gefahr einer Unterwanderung der Verfassung in sich berge, solange nicht strenger bestimmt werde, was gegeneinander abzuwägen sei, und welche Grenzen der Abwägung gesetzt seien ... Vor einer „Abwägung" sei zu prüfen, ob im konkreten Fall ein geschütztes Rechtsgut überhaupt Not leide. Bleibe die Abwägung als das letzte Mittel ... dann seien Gegenstand der Abwägung die Rechtsgüter zu dem Ziel, beiden den ihnen angemessenen Raum zu sichern. *A. Arndt* stimmt damit mit *Lerche* überein (Übermaß, S. 153), der bei echten Kollisionen den nach beiden Seiten hin schonensten Ausgleich fordert.

[114] BVerfGE 7, S. 198 ff., 215; 12, S. 113 ff., 128; 20, S. 162, 201, 213.

[115] Im Spiegelurteil waren das zu schützende Rechtsgut in seiner allgemeinen Bedeutung, die Gefährdung dieses Rechtsguts durch die konkrete Straftat, die Intensität des Tatverdachts, Erforderlichkeit und Geeignetheit der Durchsuchung, sowie das öffentliche Interesse an der vollen Klärung des Falles gegeneinander abzuwägen (BVerfGE 20, S. 162, 201, 213). Die Güterabwägung des BVerfG ist in der Sache eine Ermittlung der Grenzen grundrechtlicher Normbereiche, durch Heranziehung aller vom jeweiligen normativen Leitgedanken geforderten konkreten Umstände, nicht eine Saldierung abstrakter Güter, die in einer werthierarchischen Rangfolge stehen. In diesem Sinne ist auch die von *Bachof* (Grundrechte III/1, S. 171) in Anschluß an *Klein* (K. Vorbem. B XV 2 b, S. 125) geforderte Güterabwägung zu verstehen, wenn er darauf abstellt, welches Grundrecht im Einzelfall „primär und unmittelbar tangiert" wird.

überflüssig, sondern contra legem. Der Verfassungsgeber hat hier selbst die Schrankenfrage gelöst. Aufgabe des einfachen Gesetzgebers und der rechtsprechenden Organe ist es, diese Grenzen durch exakte, möglichst weitgehende Umschreibung, die gegeneinander abzugrenzenden verfassungs- und unterverfassungsrechtlichen Normbereiche sichtbar zu machen[116]. Kommt es hierbei zu echten Kollisionen, d. h. dringt eine einfache Gesetzesnorm in den grundrechtlich geschützten Bereich ein, so läßt sich dieser Konflikt nicht mit einer „Güterabwägung" lösen. In diesem Fall ist die niederrangige Norm nichtig, da sie in den Normbereich der Verfassungsnorm eingreift und diese damit in ihrem Wesensgehalt verletzt. Eine andere Frage ist die hier nicht zu erörternde Kollision von Grundrechten untereinander[117].

Als Ergebnis ist festzuhalten, daß Güterabwägung den rational einsehbaren Entscheidungsprozeß nicht ersetzen kann. Sie mag in Ausnahmefällen hinzunehmen sein, wo einer Normbereichsanalyse unverhältnismäßige Schwierigkeiten entgegentreten. Das rechtfertigt aber nicht, aus der Not eine Tugend, aus der Ausnahme eine Regel zu machen.

5. Die unterverfassungsrechtliche Normsetzung bei Grundrechten ohne ausdrücklichen Gesetzesvorbehalt

Daß eine unterverfassungsrechtliche Beteiligung am Normgehalt eines Grundrechts nicht wegen Fehlens eines ausdrücklichen Gesetzesvorbehalts ausgeschlossen ist, beweisen Institute des sozialen Lebens, wie Schule und Kirche, Ehe und Familie. Sie bedürfen nicht in dem Maße der gesetzlichen „Abstützung" wie Beruf und Eigentum, Presse und Versammlungsfreiheit, sind aber doch einer rechtlichen Formung weit stärker zugänglich und zum Teil bedürftig als Glaube und Gewissen, Wissenschaft, Forschung und Kunst.

---

[116] So *Müller*, Normativität, S. 212.

[117] Vgl. *Lerche*, Übermaß, der hier die Grenzen der „entscheidenden" Verfassung erreicht sieht, so daß der Zusammenprall der verschiedenen Grundrechtsbereiche dem Gesetzgeber einen Spielraum zur „eigenständigen Konfliktschichtung" gewährt (S. 131 f.). Ferner *Rüfner,* Der Staat, 1968, S. 41 ff., der eine gegenseitige Ergänzung von Freiheit und Gleichheit anstrebt. Dagegen bestehen Bedenken. Das Grundgesetz gewährt nicht irgendeine Freiheit, sondern einzelne, individuelle Freiheitsrechte. Die Tatsache notwendiger grundrechtlicher Funktionszusammenhänge führt nicht zu einer zusätzlichen Begrenzung der einzelnen Normbereiche. Aus Grundrechtsüberschneidungen zusätzliche Beschränkungen zu gewinnen, kann nur ergiebig sein, wenn die Grundrechte unter einheitliche Wertmaßstäbe gebracht werden können. Hierfür wurde noch kein Beweis angetreten. Aussagen, wie „die Gleichheit finde an den Freiheitsrechten, diese an der Gleichheit ein Schranke" (S. 53) sind Leerformeln, und ohne jeden Maßstab.

Besonders der Schutz von Ehe und Familie würde trotz Art. 1 Abs. 3 GG ins Leere gehen, würden diese Institute nicht durch umfangreiche Normenkomplexe näher präzisiert werden. Damit soll nicht der zu weit gehenden Ansicht Kleins[118] zugestimmt werden, daß die Normbereiche des Art. 6 Abs. 1 GG „überhaupt erst von den niederrangigen Rechtssätzen konstituiert (werden), die damit und insoweit selbst erst den Inhalt der Einrichtungsgarantie bestimmen, und damit gar nicht in Widerspruch (mit ihnen) stehen können". Die daraus gezogene Folgerung, nur vorkonstitutionelles Recht könne gegen Art. 6 Abs. 1 GG verstoßen, ist durch die Entscheidung des Bundesverfassungsgerichts zu §§ 1628, 1629 Abs. 2 BGB[119] hinreichend widerlegt. Durch die Zusammenschau mit den Art. 2 Abs. 1 und Art. 3 Abs. 3 GG empfangen Ehe und Familie neue Strukturen, die sich in der gegenwärtigen wirtschaftlichen Situation bewähren müssen, und deren Sinn darin besteht, mit dem rein patriarchalisch ausgerichteten Bürgerlichen Gesetzbuch zu brechen. Die Normbereiche von Ehe und Familie lassen sich nicht aus den ethischen, religiösen und rechtlichen Strukturen des 19. Jahrhunderts erklären, sondern sollen innerhalb der modifizierten Vorstellungen der Gegenwart ihre Programme verwirklichen. Der Normbereich von Ehe und Familie muß unter den Bedingungen der industriellen Gesellschaft analysiert werden. Die Familie ist wirtschaftlich gesehen aus der Produktionsgemeinschaft der vorindustriellen Gesellschaft zu einer Verbrauchs- und Erwerbsgemeinschaft der industriellen Gesellschaft geworden. Der damit ausgelöste wirtschaftliche Funktionsverlust bewirkt eine stärker gefestigte persönliche Gemeinschaft. Die Familie ist „der letzte große institutionelle Gegenspieler der modernen Kollektivierungstendenzen"[120]. Die Beteiligung des einfachen Gesetzesrechts am Normbereich von Ehe und Familie darf demnach nicht zu hoch veranschlagt werden. Ihre im wesentlichen unter patriarchalischem Denken konzipierten Normen bedürfen einer verfassungskonformen Anpassung, denn die Interpretation aus ihrem historischen Geist wäre ein Festhalten an alten Formen, die „auf lange Sicht die Stellung der Familie nur schwächt"[121]. Es hat demnach terminologisch einen guten Sinn, zwischen der privatrechtlichen Institutsgarantie und der öffentlich-rechtlichen institutionellen Garantie zu unterscheiden. Dahinter steht der sachliche Unterschied, daß die Institutsgarantien einen dem Recht vorgegebenen Ordnungskern enthal-

---

[118] *Klein*, K. Vorbem. A II 4 e und Vorbem. B XV 2 a = S. 124, 125.

[119] BVerfGE 10, S. 59 ff.

[120] *Mackenroth*, Bevölkerungslehre, S. 376; zur Frage des Zusammenhangs zwischen Erwerbstätigkeit der Frau und steigenden Scheidungsziffern vgl. *Schelsky*, Wandlungen der deutschen Familie in der Gegenwart, S. 75.

[121] So *Mackenroth*, a.a.O., S. 365.

ten — insoweit stehen Ehe, Familie und mit gewissen Modifikationen auch die Kirchen auf einer Ebene — institutionelle Garantien, wie das Berufsbeamtentum und die kommunale Selbstverwaltung erst vom Recht geschaffen wurden.

Zusammenfassung

Anliegen dieser Untersuchung war es, das bisher vorwiegend in Einzelfällen problematisch gewordene Verhältnis von Verfassung zu einfachem Gesetzesrecht auf eine breitere Grundlage zu stellen. Als Modell diente hierfür vor allem eine Einteilung der Grundrechte in rechts- und sacherzeugte Normen mit ihren Zwischenstufen. Leisners[1] durchaus berechtigte Warnungen vor der Gefahr einer unbewußten Unterwanderung des Verfassungsrechts durch Normen niederen Ranges führten ihn zu einer weitgehend formalisierten Verfassungssicht, die auf der rechtstheoretischen Trennung von Norm und Wirklichkeit beruht. Häberle[2], dessen Verdienst darin besteht, die Vorstellung des nur ausnahmsweisen Eingriffs des Gesetzgebers im Grundrechtsbereich korrigiert zu haben, kommt zu der entgegengesetzt extremen Auffassung, Grundrechte würden generell erst durch die ihnen zugeordnete Gesetzgebung real geltendes Recht.

Es hätte nun nahegelegen, den „goldenen Mittelweg" zu gehen und sich um eine Vermittlung der beiden Auffassungen zu bemühen. Wenn dem auch die hier vorgelegten Ergebnisse zum Teil entsprechen, so liegt ihnen doch eine andere Methode zugrunde. Einheit der Rechtsordnung, Würdigung der Rezeption in den deutschen Verfassungen, wie „die Erfüllung von unten nach oben" als Folge der gegenseitigen Durchdringung von staatlicher und gesellschaftlicher Sphäre ließen doch nur recht allgemeine Feststellungen über die Beziehung von Verfassungs- und einfachem Gesetzesrecht zu. Erst durch das dargelegte hermeneutische Normverständnis, das das Faktum als begrenzten und differenzierten Bestandteil der Norm selbst und nicht als ihren Gegenstand ansieht, war eine nähere Aussage zu gewinnen.

Die typologisch angestellten Untersuchungen kamen zu dem Ergebnis, daß die grundrechtlichen Normbereiche, ausgehend von den sich konträr gegenüberstehenden sach- und rechtserzeugten Normen in einem unterschiedlichen Mischungsverhältnis stehen. Von überwiegend rechtsgeprägten Grundrechten, die dem Gesetzgeber ein Gestaltungsrecht einräumen, über mehr ausgeglichene Bereiche reicht die Skala bis zu Grundrechten, deren vorgegebener Ordnungskern nur begrenzt

---

[1] *Leisner*, Verfassungsmäßigkeit der Gesetze, S. 27 ff.
[2] *Häberle*, Wesensgehaltgarantie, S. 211 ff.

oder überhaupt nicht einer rechtlichen Formung zugänglich ist. Diese stark differenzierte unterverfassungsrechtliche Beteiligung an den einzelnen Normbereichen ist nur durch ein Grundrechtsverständnis möglich, das die einzelnen Grundrechte als zwar sinnvoll aufeinander bezogene, aber doch individuelle Ordnungsbereiche versteht, die nicht auf einen rechtstheoretischen Nenner gebracht werden können.

Damit sollte es möglich sein, das von Leisner befürchtete, unbemerkte Eindringen niederrangiger Normen in das Verfassungsrecht durch Offenlegung dessen Sachstrukturen kontrollierbar zu machen.

Literaturverzeichnis

Anschütz, Gerhard: Die Verfassung des Deutschen Reichs, Kommentar, A. 1938

Apelt, Adolf: Der verwaltungsrechtliche Vertrag, AöR 84 (1959), S. 249 ff.

Arndt, Adolf: Das Gewissen in der oberlandesgerichtlichen Rechtsprechung, NJW 1966, S. 25 ff.

— Die Kunst im Recht, NJW 1966, S. 25 ff.

Bachof, Otto: Beurteilungsspielraum, Ermessen und unbestimmter Rechtsbegriff im Verwaltungsrecht, JZ 1955, S. 97 ff.

— Die Rechtsprechung des Bundesverwaltungsgerichts, JZ 1957, S. 334 ff.

— Diskussionsbeitrag in VVStRL 24 (1966), S. 224

— Freiheit des Berufes, in: Grundrechte, Bd. 3/1 1959, S. 145 ff.

— Verfassungsrecht, Verwaltungsrecht, Verfahrensrecht in der Rechtsprechung des Bundesverwaltungsgerichts, Bd. 2 1967

Bäumlin, Richard: Staat, Recht und Geschichte 1961

— Leitsätze zum Thema „Gewissensfreiheit auf der Staatsrechtslehrertagung 1969

Ballerstedt, Kurt: Rechtsstaat und Wirtschaftslenkung, AöR 74 (1948), S. 130 ff.

Ballweg, Ottmar: Zu einer Lehre von der Natur der Sache, 1960

Bartolomeyczik, Horst: Die Kunst der Gesetzesauslegung. Eine wissenschaftliche Hilfe zur praktischen Rechtsanwendung, 1953
(zit. Die Kunst der Gesetzesauslegung)

Bettermann, August: Die allgemeinen Gesetze als Schranken der Pressefreiheit, JZ 1964, S. 602 ff.

Binder: Philosophie des Rechts, 1925

Böckenförde, Ernst Wolfgang: Gesetz und gesetzgebende Gewalt, 1958

Boehmer, Gustav: Erbrecht, in: Grundrechte, Bd. 2, S. 401 ff.

v. Bülow, Oskar: Gesetz und Richteramt, 1885

Bullinger, Martin: Vertrag und Verwaltungsakt. Zu den Handlungsformen und Handlungsprinzipien der öffentl. Verwaltung nach deutschem und englischem Recht, 1962
(zit. Vertrag und Verwaltungsakt)

Burmeister, Joachim: Die Verfassungsorientierung der Gesetzesauslegung. Verfassungskonforme Gesetzesauslegung oder vertikale Normendurchdringung, 1966
(zit. Die Verfassungsorientierung der Gesetzesauslegung)

Coing, Helmut: Die juristischen Auslegungsmethoden und die Lehren der allgemeinen Hermeneutik, 1959
(zit. Die juristischen Auslegungslehren)

Coing, Helmut: Grundzüge der Rechtsphilosophie, 1950

Denninger: Rezension zu *Häberle:* Die Wesensgehaltgarantie des Art. 19 Abs. 2 Grundgesetz, JZ 1963, S. 925 ff.

Dernburg, Heinrich: Pandekten, 1. Bd. 3. A., 1892

Dietz, Rolf: Anspruchskonkurrenz von Vertragsverletzung und Delikt, 1934 (zit. Anspruchskonkurrenz)

Drath, Martin: Über eine kohärente sozio-kulturelle Theorie des Staates und des Rechts, in: Die moderne Demokratie und ihr Recht, Festschrift für G. Leibholz, 1966, S. 35—80

Dürig, Günther: Anmerkungen zum Elfesurteil, JZ 1957, S. 169 ff.

— Art. 2 des GG und die polizeiliche Generalermächtigung, in: AöR 79 (1953/54), S. 57 ff.

— Der Grundrechtssatz von der Menschenwürde, AöR 81 (1956), S. 117 ff.

— Zum Lüth — Urteil des Bundesverfassungsgerichts vom 15. 1. 1958, DÖV 1958, S. 194 ff.

— Grundrechte und Zivilrechtsprechung, in: Vom Bonner Grundgesetz zur gesamtdeutschen Verfassung, Festschrift für Nawiasky, 1956, 167 ff.

Ehmke, Horst: Grenzen der Verfassungsänderung, 1953

— Prinzipien der Verfassungsinterpretation, VVDStRL 20 (1963), S. 53 ff. (zit. Verfassungsinterpretation)

— Staat und Gesellschaft als verfassungstheoretisches Problem, in: Festschrift für R. Smend, S. 23 ff., 1962

— Wirtschaft und Verfassung, 1961

Engisch, Karl: Aufgaben einer Logik und Methode des juristischen Denkens, Studium Generale 1959, S. 76 ff.

— Die Einheit der Rechtsordnung, 1935

— Die Idee der Konkretisierung in Recht und Rechtswissenschaft, 1953 (zit. Konkretisierung)

— Die Einführung in das juristische Denken, 3. A. 1964

— Logische Studien zur Gesetzesanwendung, 2. A. 1960

Enneccerus-Nipperdey: Allgemeiner Teil des Bürgerlichen Rechts, 15. A., 1. Hlbd. 1959, 2. Hlbd. 1960

Esser, Josef: Grundsatz und Norm in der richterlichen Fortbildung des Privatrechts, 1965 (zit. Grundsatz und Norm)

— § 242 BGB und die Privatrechtsautonomie, Gedanken zu einem Vortrag von *Fr. Wieacker*, JZ 1956, S. 555 ff.

— Wertung, Konstruktion und Argument im Zivilurteil, 1965

Evers, Hans Ulrich: Aspekte der Gerechtigkeit, JZ 1967, S. 73 ff.; Zum unkritischen Naturrechtsbewußtsein in der Rechtsprechung der Gegenwart, JZ 1961, S. 241 ff.

Eyermann - Fröhler: Kommentar zur VwGO, 4. A. 1965

Fechner, Erich: Die soziologischen Grenzen der Grundrechte, 1954

Finanzbericht 1966: 1968 herausgegeben vom Bundesministerium der Finanzen

Forsthoff, Ernst: Die Umbildung des Verfassungsgesetzes, in: Festschrift für C. Schmitt, 1959, S. 33 ff.
(zit. Umbildung des Verfassungsgesetzes)
und in: Rechtsstaat und Wandel, Verfassungsrechtliche Abhandlungen. 1950—1964, S. 147 ff.

— Rechtsfragen der Werbesendungen im Fernsehen, DÖV 1957, S. 97 ff.

— Verfassungsmäßiger Eigentumschutz und Freiheit des Berufs, in: Staatsbürger und Staatsgewalt, Bd. 2, S. 19—29, 1963

— Verwaltungsrecht, 1. Bd., Allgemeiner Teil, 8. A. 1961.

— Zur Problematik der Verfassungsauslegung, 1961

Friesenhahn, Ernst: Staatsrechtslehrer und Verfassung, Recht — Staat — Wirtschaft, Bd. 3, S. 51—65, 1951

Fraenkel, Ernst: Deutschland und die westlichen Demokratien, 1964

Fuchs, Ernst: Gerechtigkeitsdenken, 1964

Füßlein, Rudolf Werner: Vereins- und Versammlungsfreiheit, in: Grundrechte, Bd. 2, S. 425 ff.

Gadamer, Hans-Georg: Wahrheit und Methode, 1960

Geerds, Friedrich: Lehre von der Konkurrenz im Strafrecht, 1961

Geiger, Willi: Art. Grundrechte, in: Staatslexikon, 3. Bd., 6. A. 1959
(zit. Grundrechte, Staatslexikon)

— Gewissen, Ideologie, Widerstand, Nonkonformismus, Grundfragen des Rechts; Bücherei der Salzburger Hochschulwochen, 1963
(zit. Gewissen usw.)

Germann, Oskar Adolf: Methodische Grundfragen, Sechs Aufsätze, 1949

Gierke, Otto: Deutsches Privatrecht, 2. Bd. Sachenrecht 1905
(zit. Sachenrecht)

Grotefend, G. A.: Die Gesetze und Verordnungen nebst den sonstigen Erlassen für den preußischen Staat und das deutsche Reich, Bd. I, 1806 bis 1875, Köln u. Neuß 1875

Grundmann, Siegfried: Die Gewissensfreiheit im Verfassungsrecht, BayVBl. 1967, S. 181 ff.

Hack, Lothar: Filmzensur in der Bundesrepublik Deutschland, in: Frankfurter Hefte 1964, S. 705 ff.

Häberle, Peter: Allgemeine Staatslehre, Verfassungslehre oder Staatsrechtslehre, in: Ztschr. f. Politik 1965, 381 ff.

— Die Wesensgehaltsgarantie des Art. 19 Abs. 2 Grundgesetz, zugleich ein Beitrag zum institutionellen Verständnis der Grundrechte und zur Lehre vom Gesetzesvorbehalt, 1962
(zit. Wesensgehaltsgarantie)

— Rezension zu *Walter Leisner:* Von der Verfassungsmäßigkeit der Gesetze zur Gesetzmäßigkeit der Verfassung, AöR 90 (1965), 113 ff.

— Rezension zu *Günther Abel:* Die Bedeutung der Lehre von den Einrichtungsgarantien für die Auslegung des Bonner Grundgesetzes, DVBl. 1965, S. 788 ff.

— Rezension zu *Maurice Hauriou:* Die Theorie der Institution und zwei andere Aufsätze, mit Einleitung und Bibliographie herausgegeben von Roman Schnur, DVBl. 1966, S. 120 ff.

Häntzschel, Kurt: Das Recht der freien Meinungsäußerung, HdBDStRL Bd. 2, S. 651 ff.

Hamann, Andreas: Das Grundgesetz für die Bundesrepublik Deutschland vom 23. 5. 1949, 1. A. 1956, 2. A. 1960

— Anmerkungen zu dem Bescheid des OVG Münster vom 18. 11. 1958, NJW 1959, S. 1891

Hamel, Walter: Anmerkungen zum Urteil des Bundesgerichtshofs vom 2. 4. 1957, DVBl. 1957, S. 618 ff.

— Die Bedeutung der Grundrechte im sozialen Rechtsstaat 1957
(zit. Grundrechte)

Hartmann, Nicolai: Ethik, 1926

Heck, Philipp: Begriffsbildung und Interessenjurisprudenz, 1932

— Gesetzesauslegung und Jurisprudenz, 1933, jetzt in: Studien und Texte zur Theorie und Methodologie des Rechts, 2. Bd., S. 142 ff., 1968

Heidegger, Martin: Holzwege, 1950

Heller, Hermann: Bemerkungen zu staats- und rechtstheoretischen Problemen der Gegenwart, AöR NF, Bd. 16 (1929), 321 ff.

— Der Begriff des Gesetzes in der Reichsverfassung VVStRL 4 (1928), 98 ff.

— Staatslehre, 1934

Herschel, Wilhelm: Rechtssicherheit und Rechtsklarheit, JZ 1967, S. 727 ff.

Herzog, Roman: Neue Wege der Normenkontrolle?, BayVBl 1959, S. 276 ff.

— Versammlungsfreiheit durch Gesetzgebung und Verwaltung, BayVBl. 1968, S. 77 ff.

Hesse, Konrad: Der Rechtsstaat im Verfassungssystem des Grundgesetzes, in: Staatsverfassung und Kirchenordnung, Festgabe für R. Smend, 1962, S. 71 ff.

— Die normative Kraft der Verfassung, 1959
(zit. Normativität)

— Die verfassungsrechtliche Stellung der politischen Parteien im modernen Staat, VVStRL 17 (1959), S. 11 ff.

— Grundzüge des Verfassungsrechts der Bundesrepublik Deutschland, 1967
(zit. Grundzüge des Verfassungsrechts)

v. Hippel, Eike: Grenzen der Grundrechte, 1965

v. Hippel, Fritz: Zur Gesetzmäßigkeit juristischer Systembildung, 1930

Hofacker: Grundrechte und Grundpflichten der Deutschen, 1926

Hollerbach, Alexander: Auflösung der rechtsstaatlichen Verfassung, zu *E Forsthoffs* Abhandlung „Die Umbildung des Verfassungsgesetzes, AöR 85 (1960), S. 241 ff.

Horn: Die Topiklehre Viehwegs, NJW 1967, S. 601 ff.

Huber, Ernst-Rudolf: Der Streit um das Wirtschaftsverfassungsrecht, DÖV 1956, S. 135 ff., 200 ff.

— Dokumente zur deutschen Verfassungsgeschichte, Bd. 1, 1961
(zit. Dokumente)

— Deutsche Verfassungsgeschichte seit 1789, Bd. 1, 1957
(zit. Deutsche Verfassungsgeschichte)

Huber, Eugen: Recht und Rechtswirklichkeit, Probleme der Gesetzgebung in der Rechtsphilosophie, 1921

Huber, Hans: Das Staatsrecht des Interventionismus, Ztschr. f. schweiz. R. NF Bd. 70 (1951), S. 174—199

— Niedergang des Rechts und Krise des Rechtsstaats, in: Demokratie und Rechtsstaat, Festgabe für Giacometti, 1953, S. 59 ff.

Hüttl, Adolf: Zur Auslegung des Rechts — besonders des öffentlichen Rechts — Bahnt sich eine Wandlung des Rechtsstils an?, DVBl. 1965, S. 61 ff.

Husserl, Gerhard: Rechtskraft und Rechtsgeltung, 1925

Imboden, Max: Der verwaltungsrechtliche Vertrag, Baseler Studien zur Rechtswissenschaft, Heft 48, 1958

Ipsen, Hans Peter: Apothekenerrichtung und Art. 12 des Grundgesetzes, VVStRL 10 (1952), S. 74 ff.

— Öffentliche Subventionierung Privater, 1956

— Verwaltung durch Subventionen, VVStRL 25 (1967), 257—305

Isay, Rechtsnorm und Entscheidung, 1929

Jellinek, Georg: Allgemeine Staatslehre, 3. A., 1920

Jesch, Dietrich: Unbestimmter Rechtsbegriff und Ermessen in rechtstheoretischer und verfassungsrechtlicher Sicht, AöR 82 (1957), 163 ff. (zit. Unbestimmter Rechtsbegriff und Ermessen)

Kägi, Werner: Die Verfassung als rechtliche Grundordnung des Staates, 1945

Kaiser, Joseph H.: Diskussionsbeitrag, in: VVStRL 22 (1964), 178

Kantorowicz, Hermann: Rechtswissenschaft und Soziologie, 1911

Kaufmann, Armin: Die Dogmatik der Unterlassungsdelikte, 1959

Kaufmann, Arthur: Freirechtsbewegung — lebendig oder tot? Ein Beitrag zur Rechtstheorie und Methodenlehre, JuS 1965, S. 1 ff.

— Gesetz und Recht, in: Existenz und Ordnung, 1961, S. 357 ff., Festschrift für Erich Wolff, Analogie und „Natur der Sache", 1965

— Zur rechtsphilosophischen Situation der Gegenwart, JZ 1963, S. 173 ff.

Kaufmann, Erich: Das Wesen des Völkerrechts und die clausula rebus sic stantibus, 1911 (zit. Das Wesen des Völkerrechts)

— Die Gleichheit vor dem Gesetz i. F. des Art. 109 WRV, VVStRL 3 (1927), S. 2 ff.

— Die Grenzen der Verfassungsgerichtsbarkeit, VVStRL 9 (1952), S. 1 ff.

— Kritik der neukantischen Rechtsphilosophie, 1921

Keller, Adolf: Die Kritik, Korrektur und Interpretation des Gesetzeswortlauts, 1960

Kelsen, Hans: Allgemeine Staatslehre, 1925 (zit. Staatslehre)

— Das Problem der Souveränität und die Theorie des Völkerrechts, Beitrag zu einer reinen Rechtslehre, 1920 (zit. Souveränität)

Kelsen, Hans: Der soziologische und der juristische Staatsbegriff, Kritische Untersuchungen des Verhältnisses von Staat und Recht, 1922 (zit. Der soziologische und der juristische Staatsbegriff)

— Politics, ethics, religion and law, in: Festschrift für E. Fraenkel, 1963, S. 3 ff.

— Reine Rechtslehre, 2. A., 1965

— Was ist juristischer Positivismus?, JZ 1965, S. 465 ff.

Klein, Friedrich: Die Übertragung des Vorordnungsrechts nach deutschem Verfassungsrecht, in: Recht, Staat, Wirtschaft, Bd. 4, 1953, S. 171 ff.

— Institutionelle Garantien und Rechtsinstitutsgarantien, 1934

Klein, Rüdiger: Eine Analyse der subjektiven und objektiven Elemente. Die Kongruenz des verwaltungsrechtlichen Ermessensbereichs und des Bereichs rechtlicher Mehrdeutigkeit, AöR 82 (1957), 84 ff.

Knies, Wolfgang: Schranken der Kunstfreiheit als verfassungsrechtliches Problem, 1967 (zit. Schranken der Kunstfreiheit)

Köttgen, Arnold: Die Gemeinde und der Bundesgesetzgeber, 1957

— Die Meinungsfreiheit der Soldaten, in: *Bergstraesser, Barth, Kaiser, Köttgen, Menger, Ule:* Von den Grundrechten der Soldaten, 1957, S. 47 ff. (zit. Meinungsfreiheit)

— Die Freiheit der Wissenschaft und Selbstverwaltung, Grundrechte, Bd. 2 (1954), S. 303 ff.

Krawietz, Werner: Das positive Recht und seine Funktion, Kategorale und methodologische Überlegungen einer funktionalen Rechtstheorie, 1967 (zit. Das positive Recht)

Kronstein, Heinrich: Rechtsauslegung im wertgebundenen Recht; eine Antrittsvorlesung, 1957

Krüger, Herbert: Art. Verfassung, in: HDSW Bd. 11, S. 72 ff., 1961

— Der Wesensgehalt im Sinne des Art. 19 Abs. 2 Grundgesetz, DÖV 1955, S. 597 ff.

— Die Einschränkung von Grundrechten nach dem Grundgesetz, DVBL 1950, S. 625 ff.

— Neues zur Freiheit der Persönlichkeitsentfaltung und deren Schranken, NJW 1955, S. 201 ff.

— Verfassungsauslegung aus dem Willen des Verfassungsgebers, DVBL 1961, S. 685 ff.

Krüger, Hildegard: Die Beziehungen des parlamentarischen Gesetzgebers zur exekutivischen Verordnung, DVBL 1967, S. 929 ff.

Laband, Paul: Das Staatsrecht des Deutschen Reichs, 1. Bd., 5. A. 1911

Larenz, Karl: Methodenlehre der Rechtswissenschaft, 1960 (zit. Methodenlehre)

Leibholz, Gerhard: Staat und Verbände, VVStRL 24 (1966), S. 5 ff.

— Strukturprobleme der modernen Demokratie, 3. A. 1967 (zit. Strukturprobleme)

Leisner, Walter: Betrachtungen zur Verfassungsauslegung, DÖV 1961, S. 641 ff.

Leisner, Walter: Die bayerischen Grundrechte, 1968

— Die Gesetzmäßigkeit der Verfassung, JZ 1964, S. 201 ff.

— Gefährdungshaftung im öffentlichen Recht, VVStRL 20 (1963), S. 185 ff.

— Öffentlichkeitsarbeit der Regierung im Rechtsstaat. Dargestellt am Beispiel des Presse- und Informationsamtes der Bundesregierung, 1966 (zit. Öffentlichkeitsarbeit der Regierung)

— Von der Verfassungsmäßigkeit der Gesetze zur Gesetzmäßigkeit der Verfassung, 1964

Leonardy, Helmut: Kunstfreiheit und Jugendschutz, NJW 1967, S. 714 ff.

Lerche, Peter: Die verwaltungsgerichtliche Klage aus öffentlich-rechtlichen Verträgen, in: Staatsbürger und Staatsgewalt, Verwaltungsrecht und Verwaltungsgerichtsbarkeit in Geschichte und Gegenwart, Bd. 2, S. 59 bis 90, 1963

— Rezension zu *Ballweg:* Zu einer Lehre von der Natur der Sache, in: Der Staat I, 1962, S. 117 ff.

— Grundrechte der Soldaten, Grundrechte, Bd. 4/1, S. 447 ff.

— Rezension zu *P. Häberle:* Wesensgehaltgarantie, DÖV 1965, 213 ff.

— Staatslexikon, Bd. 3, S. 13, Art. Ermessen, 6. A., 1959

— Stil, Methode, Ansicht, DVBl. 1961, S. 690 ff.

— Übermaß und Verfassungsrecht, 1961

Luhmann, Niklas: Die Gewissensfreiheit und das Gewissen, AöR 90 (1965), S. 257 ff.

— Grundrechte als Institutionen. Ein Beitrag zur politischen Soziologie, 1965 (zit. Grundrechte als Institutionen)

Mackenroth, Gerhard: Bevölkerungslehre. Theorie, Soziologie und Statistik der Bevölkerung, 1953 (zit. Bevölkerungslehre)

Maihofer, Werner: Die Natur der Sache, ARSP XLIV 1958, S. 145—174

v. Mangoldt, Hermann: Das Bonner Grundgesetz, 1953 (zit. *v. Mangoldt* K.)

v. Mangoldt-Klein: Das Bonner Grundgesetz, 1. Bd., 2. A. 1957 (zit. *Klein* K.)

Maunz, Theodor: Deutsches Staatsrecht, 12. A. 1963, 16. A. 1968

— Anmerkungen zum Urteil des BVerwG vom 21. 12. 1954 Bay VBl. 1955, S. 215 ff.

Maunz-Dürig: Grundgesetz, Kommentar, 1963

Matz, Werner: Kommentierung zu Art. 1—34 GG, in: JöR NF. Bd. 1 (1951), S. 1 ff.

Mayer, Otto: Deutsches Verwaltungsrecht, 1. Bd., 3. A. 1924

Menger, Christian Friedrich: Aus der Praxis der Verwaltung und Verwaltungsgerichtsbarkeit, Verw.Arch. Bd. 49 (1958) 178 und Verw.Arch. Bd. 52 (1961) 92 ff.

— System des verwaltungsgerichtlichen Rechtsschutzes. Eine verwaltungsrechtliche und prozeßvergleichende Studie, 1954 (zit. System des verwaltungsgerichtlichen Rechtsschutzes)

Menzel: Staatliche Parteienfinanzierung und moderner Parteienstaat, DÖV 1966, S. 585 ff.

Merkl: Die Lehre von der Rechtskraft, 1923

Michel, Helmut: Die verfassungskonforme Auslegung, JuS 1961, S. 274 ff.

Müller, Friedrich: Normstruktur und Normativität, 1967
(zit. Normstruktur)

Münzel, Karl: Anmerkung zum Urteil des LG Heidelberg vom 14. 4. 1965, NJW 1966, S. 1922 f.

Nawiasky, Hans: Allgemeine Rechtslehre, 2. A. 1948, Diskussionsbeitrag, in: VVStRL 4 (1928), S. 90

— Grundgedanken des Grundgesetzes, 1950
(zit. Grundgedanken)

— Kritische Bemerkungen zur Lehre vom Stufenbau des Rechts, Ztschr. f. öff. R. Bd. 7 (1927), S. 488 ff.

Nawiasky - Leusser: Die Verfassung des Freistaates Bayern, Kommentar 1948
(zit. *Nawiasky - Leusser* K.)

Nikisch, Arthur: Arbeitsrecht, 1. Bd. 1955, 2. Bd. 1959, 3. Bd. 1966

Nipperdey, Hans-Carl: Freie Entfaltung der Persönlichkeit, Bd. 4/2 1962, S. 741 ff.

— Grundprinzipien des Wirtschaftsverfassungsrechts, DRZ 1950, S. 193 ff.

v. Ohlshausen, Hennig: Zu *H. Kelsens* Anschauung über die Rechtsnorm, AöR 91 (1966), S. 561 ff.

Ossenbühl, Fritz: Die verfassungsrechtliche Zulässigkeit der Verweisung als Mittel der Gesetzgebungstechnik, DVBl. 1967, S. 401 ff.

Palandt - Gramm: Kurz-Kommentar zum Bürgerlichen Gesetzbuch, 27. A. 1967

Pestalozza: Kritische Bemerkungen zu Methode und Prinzipien der Grundrechtsauslegung in der Bundesrepublik Deutschland, Der Staat, Bd. 2 (1963), S. 425 ff.

Peters, Hans: Die freie Entfaltung der Persönlichkeit als Verfassungsziel, in: Gegenwartsprobleme des internationalen Rechts und der Rechtsphilosophie, Festschrift für R. Laun, 1953, S. 669 ff.
(zit. Die freie Entfaltung der Persönlichkeit)

— Verwaltung ohne gesetzliche Ermächtigung?, in: Verfassungsrecht und Verfassungswirklichkeit, Festschrift für H. Huber, 1961, S. 206 ff.
(zit. Verwaltung ohne gesetzliche Ermächtigung)

Piper, Goswin: Zulässigkeit und Funktion des öffentlich-rechtlichen Vertrages im Verhältnis Staat und Bürger im Vergleich zur Funktion des Verwaltungsakts, DVBl. 1967, S. 11 ff.

Radbruch, Gustav: Die Natur der Sache als juristische Denkform, 1960

Rauscher, Anton: Art. Recht, in: Staatslexikon, 6. Bd., 6. A. 1961, S. 618 ff.

Reuß, Hermann: Das Ermessen, Versuch einer Begriffserklärung, DVBl. 1953, S. 585 ff.

Ridder, Helmut: Meinungsfreiheit, in: Grundrechte, Bd. 2, S. 243 ff.

Ridder, Helmut: Rezension zu *Noltenius*, Johannes: Die freiwillige Selbstkontrolle der Filmwirtschaft und das Zensurverbot des Grundgesetzes und zu *Hartleib*, Horst: Grundgesetz, Filmzensur und Selbstkontrolle, in: JZ 1960, S. 420 ff.

Rittsteg, Helmut: Verbände und repräsentative Demokratie, JZ 1968, S. 411 ff.

Ropertz, Hans-Rolf: Die Freiheit der Kunst nach dem Grundgesetz, 1966

Rüfner, Wolfgang: Überschneidungen und gegenseitige Ergänzungen der Grundrechte, Der Staat, 1968, S. 41 ff.

Rupp, Hans H.: Das Grundrecht der Berufsfreiheit in der Rechtsprechung des Bundesverfassungsgerichts, AöR 92 (1967), S. 212 ff.

— Das Urteil des Bundesverfassungsgerichts zum Sammlungsgesetz, eine Wende in der Grundrechtsinterpretation des Art. 2 Abs. 1 Grundgesetz, NJW 1966, S. 2037 ff.

— Grundfragen der heutigen Verwaltungsrechtslehre, 1965

Sauer, Wilhelm: Juristische Elementarlehre in Leitsätzen für Theorie und Praxis, 1944
(zit. Juristische Elementarlehre)

Savigny, Friedrich: Juristische Methodenlehre, 1951

Schambeck, Herbert: Der Begriff der Natur der Sache. Ein Beitrag zur rechtsphilosophischen Grundlagenforschung, 1964

Schaumann: Verfassungsrecht und Verfassungswirklichkeit in der staatlichen Willensbildung, Ztschr. f. Schweiz. R. n. F. 74 (1955), S. 269 ff.

Scheler, Max: Der Formalismus in der Ethik und die materiale Wertethik, in: Husserls Jahrbuch, 1913—1916

Schelsky, Helmut: Ortsbestimmung der deutschen Soziologie, 1959

Scheuerle, Wilhelm: Das Wesen des Wesens in AcP, 163 (1969), S. 429 ff.

Scheuner, Ulrich: Die Auslegung verfassungsrechtlicher Leitgrundsätze, Rechtsgutachten zu Art. 41 HessVerf., 1952

— Die staatliche Intervention im Bereich der Wirtschaft, VVStRL 11 (1954), S. 1 ff.

— Grundfragen des modernen Staats, in: Recht, Staat, Wirtschaft, Bd. 3 1951, S. 126 ff.

— Grundrechtsinterpretation und Wirtschaftsordnung, DÖV 1956, S. 65 ff.

— Handwerksordnung und Berufsfreiheit, in: Deutsches Handwerksblatt, 1955, S. 339 ff., 361 ff., 387 ff.
(zit. Handwerksordnung und Berufsfreiheit)

— Pressefreiheit, in: VVStRL 22 (1965), 1—100, Recht und Gerechtigkeit in der Rechtslehre der Gegenwart, in: Recht und Institution v. H. Dombois, 1956, S. 454

Schindler, Dietrich: Recht, Staat, Völkergemeinschaft, 1948, in: Wissenschaft und Glaube, S. 40 ff. Verfassungsrecht und soziale Struktur, 3. A., 1950

Schmidt, Reiner: Natur der Sache und Gleichheitssatz, JZ 1967, S. 402 ff.

Schmidt, Walter: Freiheit vor dem Gesetz, Zur Auslegung des Art. 2 Abs. 1 Grundgesetz, AöR 91 (1966), S. 42 ff.

Schmitt, Carl: Politische Theologie, 2. Ausg., 1934. Rechtsstaatlicher Verfassungsvollzug 1952, in: Verfassungsrechtliche Aufsätze, S. 452 ff.

Schmitt, Carl: Verfassungslehre 1928, Verfassungsrechtliche Aufsätze aus den Jahren 1924—1954, 1958
(zit. Verfassungsrechtliche Aufsätze)

Schur, Roman: Rezension zu *P. Häberle:* Wesensgehaltgarantie, DVBl. 1965, S. 489 ff.

Schönfeld: Die logische Struktur der Rechtsordnung, 1927

Scholler, Heinrich: Die Freiheit des Gewissens, 1958

— Die Freiheit der Meinungsäußerung in der Rechtsprechung des Bundesverfassungsgerichts, Bay.VBl. 1968, S. 41 ff.

— Gewissen, Gesetz und Rechtsstaat, DÖV 1969, 527 ff.

Scholtissek, Herbert: Innere Grenzen der Freiheitsrechte, NJW 1952, S. 561 ff.

Schwinge, Erich: Der Methodenstreit in der heutigen Rechtswissenschaft, 1930

Smend, Rudolf: Das Recht der freien Meinungsäußerung, 1927, in: Staatsrechtliche Abhandlungen, S. 89 ff.; Staatsrechtliche Abhandlungen und andere Aufsätze, 1955
(zit. Staatsrechtliche Abhandlungen)

— Zum Problem des öffentlichen und der Öffentlichkeit, in: Festschrift für W. Jellinek, 1955, S. 11 ff.

Stammler: Theorie der Rechtswissenschaft, 1911

Stern, Klaus: Ermessen und unzulässige Ermessensausübung, 1964. Zur Grundlegung einer Lehre des öffentlich-rechtlichen Vertrages, Verw.Arch. Bd. 49 (1958), S. 106 ff.

Statenwerth, Günter: Das rechtstheoretische Problem der „Natur der Sache", 1957
(zit. Natur der Sache)

Triepel, Heinrich: Staatsrecht und Politik, 1927. Ein Beitrag zum ausländischen öffentlichen Recht und Völkerrecht
(zit. Staatsrecht und Politik)

Uttlinger, Sigmund: Kommentar zum Bayerischen Besoldungsgesetz, 7. Aufl. 1961

Verdroß: Die Einheit des rechtlichen Weltbildes, 1923

Vieweg, Theodor: Topik und Jurisprudenz, 3. A. 1965

Vogel, Klaus: Gesetzgeber und Verwaltung, VVStRL 24 (1966), S. 125 ff.

Volanthen, Albert: zu *H. Kelsens* Anschauung über die Rechtsnorm, 1965

Wach: Handbuch des deutschen Civilprozeßrechtes, Bd. 1, 1885

Walz: Wesen des öffentlichen Rechts, 1928

Weber, Werner: Eigentum und Enteignung, in: Grundrechte, Bd. 2, S. 331 ff.

Weischedel: Recht und Ethik, Zur Anwendung ethischer Prinzipien in der Rechtsprechung des Bundesgerichtshofs, 1956
(zit. Recht und Ethik)

Welzel, Hans: Naturrecht und materiale Gerechtigkeit, Prolegomena zu einer Rechtsphilosophie, 1951
(zit. Naturrecht und materiale Gerechtigkeit)

Werner, Fritz: Das Problem des Richterstaats, 1960
(zit. Richterstaat)

Wieacker, Franz: Die juristische Sekunde. Zur Legitimation der Konstruktionsjurisprudenz, in: Existenz und Ordnung, Festschrift für Erik Wolf, 1962, S. 421 ff.

— Gesetz und Richterkunst, 1958

Wiethölter, R.: Der Rechtfertigungsgrund des verkehrsrichtigen Verhaltens, 1960

Winkelmann, Rudolf: Die Rechtsprechung des Bundesverfassungsgerichts zu Art. 80 Grundgesetz, NJW 1959, S. 961 ff.

Wintrich, Josef: Zur Problematik der Grundrechte, 1957

Wolff, Hans Julius: Verwaltungsrecht, Bd. 1, 1963

— Ermächtigung zum Erlaß von Rechtsverordnungen nach dem Grundgesetz, AöR 78 (1952—53), S. 194 ff.

Wolff, Martin: Reichsverfassung und Eigentum, in: Festschrift für Kahl, 1923, S. 3 ff.
(zit. Reichsverfassung und Eigentum)

Zinn - Stein: Die Verfassung des Landes Hessen, Kommentar, 1. Bd. 1954

Zippelius, Reinhardt: Wertungsprobleme im System der Grundrechte, 1962